KB196573

기후 블랙홀

박상욱

모든 이슈를 집어삼키는
기후변화의 현재와 미래

기후 블랙홀

1판 1쇄 펴낸날 2024년 12월 13일
글 박상욱
펴낸이 정종호
펴낸곳 (주)청어람미디어
기획 이권우
편집 홍선영, 황지희
디자인 황지희, 이원우
마케팅 강유은, 박유진
제작·관리 정수진
인쇄·제본 (주)성신미디어
등록 1998년 12월 8일 제22-1469호
주소 04045 서울시 마포구 양화로 56, 1122호
전화 02-3143-4006~4008
팩스 02-3143-4003
이메일 chungaram_media@naver.com
홈페이지 www.chungarammedia.com
인스타그램 www.instagram.com/chungaram_media

ISBN 979-11-5871-268-6 03330

기후 블랙홀

모든 이슈를 집어삼키는 기후변화의 현재와 미래

성어람미디어

과학적 근거에 기반한 공정한 논의를 위해

언론계에 몸담기 전, 북아프리카 모로코에서 처음 에너지전환의 실재와 가능성을 엿봤습니다. 이후 언론인으로서 기후변화에 따른 극한 기상현상을 온몸으로 마주하다 파리협정, IPCC의 1.5℃ 특별보고서 등 기후변화 대응을 위한 국제사회 차원의 노력을 취재하게 됐고, 그렇게 <박상욱의 기후 1.5> 연재는 시작됐습니다. 연재 초기, 마음속 결승선은 탄소중립 선언에 있었습니다. 하지만 직접 지켜본 탄소중립 선언은 결승선이 아닌 출발선이었습니다. 탄소중립을 선언하면 희망찬 내일을 맞이할 것이라는 생각은 오산이었습니다. 우리나라의 탄소중립 선언으로부터 4년의 세월이 지난 오늘, 우리의 온실가스 감축은, 에너지전환은 여전히 요원한 일입니다. 그저 요원한 것을 넘어, 이는 '설득이 필요한 일'입니다.

대통령 재임 시절 '기후변화는 거짓'이라던 도널드 트럼프 전 미국 대통령마저 2024년 대선 레이스 과정에선 테슬라의 전기차에 엄지를 치켜세우고 있습니다. 하지만 여전히 국내에선 에너지 전환이 '이데올로기 이슈'로 여겨지고 있습니다.

　해외 유수의 에너지 기업들이 우리나라에 들어와 사무실을 차리고, 사람을 뽑고, 해상풍력 발전사업 허가를 받고 있음에도, '우리나라에서 무슨 풍력발전이냐?'라고 생각하는 우리나라 사람들이 많습니다. 사계절은 우리와 비슷한 위도에 있는 전 세계 모든 나라의 공통점이고, 장마 또한 동아시아 몬순 기후대에 있는 나라들의 공통점임에도, '사계절이 뚜렷해서 태양광은 안 돼', '장마도 있는데 무슨 태양광 발전이야'라는 주장이 여전히 합리적인 주장으로 여겨지고 있습니다. 그 사이 전 세계는 재생에너지로의 전환에 나서고 있는데, 한국은 홀로 글로벌 에너지전환의 갈라파고스를 자처하는 중입니다.

　재생에너지는 더 이상 '비싼 에너지'도 아니고, '대체 에너지'도 아닙니다. 재생에너지는 이미 기존 화석연료 수준으로까지 가격이 저렴해졌고, 전 세계 발전량에서 차지하는 비중은 '대체'가 아닌 '주요 에너지원' 수준에 이르렀습니다. 오랜 기간 굳어졌던 화석연료 기반의 글로벌 패권이 신재생에너지로 깨지게 되면서, 기존의 패권 국가와 신흥 국가 간 총성 없는 살벌한 에너지 전쟁이 한창입니다.

이 와중에 우리나라가 글로벌 에너지전환의 갈라파고스로 남아서 얻을 것이 무엇일까요. 단언컨대, 아무것도 없습니다. 아름다운 사계절은 사라지고 폭염과 가뭄, 호우만 남을 것입니다. 투자자에 이어 기업들도 우리나라를 떠나고 실업자만 남을 것입니다. 한강의 기적은 과거의 유물로만 남을 것입니다. 웃음은 사라지고 슬픔만 남을 것입니다.

이 책을 쓴 목적은 더 이상 기후변화 대응과 에너지전환이 특정 이념이나 정당, 단체의 어젠다가 아닌 인류 공통의 어젠다임을 다시금 강조하기 위함입니다. 그 방향이 어디를 향하든 양 극단은 배격하고, 오직 과학적·합리적 근거에 기반해 공정한 정책 논의를 도모하기 위함입니다. 그리고 이러한 논의로 정보의 비대칭성을 해소해 어린 학생부터 성인에 이르기까지 모두가 논의의 주체로 거듭나는 데 일조하기 위함입니다.

2020년대 중반에도 여전히 '기후변화 회의론'에 반론을 가해야 하고, '왜 에너지전환을 해야 하는가?'에 설명이 필요한 현실에 가끔은 무기력해지곤 합니다. 그럼에도 5년 가까이 매주 월요일 <박상욱의 기후 1.5>라는 연재 기사를 놓지 않을 수 있었던 것은 귀한 동료들 덕분입니다. 언제나 '연재 개근'을 독려하는 가족, 석사에 이어 박사과정에 이르기까지의 발걸음을 함께 해주고 계신 고려대학교 에너지환경대학원의 하윤희 교수와 동기 및 선배들, 탄소중립 실현을 위한 고민과 경험, 지식을 공유하는 탄소중립포럼, 지속가능한 미래를 위해 모두가 바쁜 와중에도 똘똘 뭉친 탄소중립 지속성장연구회, 우리가 직면한 다양한 환경문제를 해결하기 위해 다학제적인 노력을 기울이고 있는 한국환경경영학회, 그리고 온실가스 감축과 에너지전환을 통해 '덜 더운 미래'와 '더 나은 미래'를 추구하는 여러 연구기관, 시민단체, 싱크탱크 관계자 분들…. 모두가 너무도 감사한 롤 모델이자 멘토, 길잡이, 원동력이 됐습니다. 이러한 분들의 도움과 가르침, 응원 덕분에 이 책도 나올 수 있었습니다.

연재 이래로 공저가 아닌 홀로 쓴 두 번째 책이 세상에 나오기까지 도와주신 다른 모든 분들께도 머리말을 빌려 감사의 말씀을 전합니다. 많은 분들의 응원과 도움, 조언에 앞으로 더 많은, 더 나아간 취재와 연구, 그리고 정책 대안 제시로 보답하겠습니다.

2024년 가을 박상욱

차례

들어가며 | 4
추천사 | 10

1장 기후변화에 대한 궁금증

1. 지구는 왜 뜨거워지나요? | 12

2. 기온 상승은 얼마나 심각한가요? | 18

3. 이렇게 기온이 오르면 어떻게 되나요? | 24

4. 그래도 한국은, 아시아는 괜찮지 않나요? | 29

5. 우리나라 상황이 그렇게 심각한가요? | 34

6. 날씨야 나라마다 다를 수 있는 것 아닌가요? | 38

7. 기후변화로 태풍이 더 강력해진다고요? | 44

8. 나무도 나무지만, 습지가 정말 중요하다고요? | 53

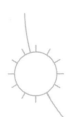

2장 기후변화 대응의 처음과 끝, 에너지

1. 솔직히 온실가스보다는 미세먼지가 더 걱정인데요? | 66

2. 기후변화 대응을 이야기할 때, 왜 항상 에너지가 이야기되나요? | 76

3. 에너지전환이 무엇인가요? | 86

4. 에너지전환, 현실성이 없는 일 아닌가요? | 95

5. 그럼, 에너지전환의 현실은 어떤가요? | 102

6. 우리나라의 에너지 안보는 어떤가요? | 112

7. 기후변화 책임은 우리보다 서구 선진국들에 있는 것 아닌가요? | 118

8. 에너지전환에 뒤처지면 국가 경제도 뒤처진다고요? | 126

9. EU는 대체 왜 탄소 무역장벽을 만든 건가요? | 132

3장 환경을 넘어선 환경문제, 에너지전환

1. 강원도 산불에 서울이 정전된다고요? | 142

2. 한국이 녹색전환의 선도 국가였을 수도 있다고요? | 154

3. RE100은 그저 민간 캠페인에 불과하지 않나요? | 166

4. 기업들은 에너지전환을 어떻게 바라보나요? | 175

5. 정말 기업이 재생에너지를 이유로 한국을 떠날 수도 있나요? | 187

6. Scope 1, 2, 3은 무슨 뜻인가요? | 191

7. 우리나라는 재생에너지 입지가 안 좋다는데요? | 196

8. 더딘 재생에너지 확산 속도에 파산까지 한다고요? | 203

9. 무엇이 좋고, 나쁜 에너지인가요? | 212

10. 그럼, 재생에너지만 늘리면 되는 것인가요? | 219

11. 우리, 그래도 희망은 있죠? | 234

나가며 | 254

'환경을 넘어선 환경'에서 '기후를 넘어선 기후'가 연상된다. 환경처럼 기후 문제도 그 책임을 남에게 넘길 수 없다. 우리가 모두 겪는 문제이기에 우리가 모두 함께 풀어가야 한다. 이 책은 기후 문제에 대해 우리가 '과학적이고 합리적인 공감대'를 형성하는 데 크게 도움을 줄 것이다. 그리고 그 공감대를 바탕으로 함께 합리적 기후 행동을 하게 할 것이다.

이우균(고려대학교 환경생태공학과 교수)

기후변화의 과학과 정책을 일반 시민과 열정적으로 소통해 온 박상욱 기자의 능숙함이 돋보인다. 누구나 기후변화와 에너지전환에 대해 평소에 가지고 있는 궁금증을 쉽지만, 과학과 사실에 기반한 정확한 언어로 풀어 준다. 기후변화에 대한 올바른 지식을 바탕으로 문제 중심, 대안 중심의 사회적 논의가 활발해지길 기대한다.

이창훈(한국환경연구원장)

이제 지구온난화, 기후변화를 모르는 사람은 거의 없다. 더워진 날씨로 몸소 느끼기 때문이다. 하지만 온실가스 배출이 유발하는 기후변화에 대해 제대로 이해하는 사람은 훨씬 적다. 더구나 문제를 해결하기 위해 무엇을 해야 할지에 이르러서는 자못 심각한 논쟁까지 벌어진다. 박상욱 기자가 이에 대해 알기 쉽고 정확하게 썼다. 관심 있는 비전문가라면 반드시 그리고 차분히 읽어보아야 할 책이다.

황석태(삼성전자 부사장)

1장

기후변화에 대한
궁금증

팩트체크 1

지구는 왜
뜨거워지나요?

2011~2020년의 지구 평균기온은 산업화 이전(1850~1900년)보다 1.09℃ 높아졌습니다. 이렇게 지구가 달궈진 이유는 우리 인간이 뿜어낸 온실가스* 때문입니다. 해마다 높아진 대기 중 온실가스 농도가 기온을 높인 것입니다.

어떻게 대기 중의 온실가스 농도가 높아졌는지부터 살펴보겠습니다. 그 단서는 우리가 과학 시간에 배운 광합성에서 찾아볼 수 있습니다.

식물이 햇빛을 받으면 광합성을 통해 대기 중 이산화탄소(CO_2)를 흡수하고, 산소(O_2)를 내뱉습니다. 그래서 숲이 '고마운 존재'라고, '지구의 허파'라고 배웠죠. 그런데 학교에서 이를 배울 때, 우리는 산소에만 집중했습니다. 그 누구도 '탄소(C)는 어디로 갔나요?' 되묻지 않았습니다.

탄소는 그 어디로도 사라지지 않고, 식물에 남아있습니다. 그렇게 식물이 지닌 탄소는 먹이사슬을 따라 점차 상위 생물로 축적됩니다. 식물과 동물이 죽으면, 탄소의 일부는 분해과정에서 대기 중으로 빠져나가고 일부는 땅속에 묻힙니다. 자연이 스스로 대기 중 탄소를 흡수, 저장해 격리합니다. 이 원리는 기후변화를

• 온실가스는 지구를 둘러싸고 있는 기체로 지표면에서 우주로 발산하는 적외선 복사열을 흡수 또는 반사할 수 있는 기체를 말합니다. 주요 온실가스로 이산화탄소, 메탄, 아산질소 등이 있습니다.

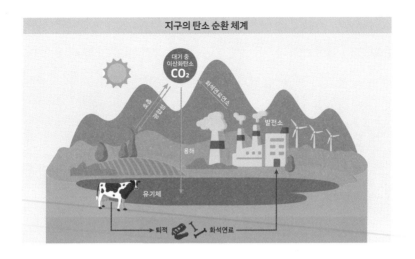

해결하기 위한 꿈의 기술로도 불리는 탄소포집저장(CCUS, Carbon Capture Utilization and Storage, 이하 CCUS)*으로 발전했습니다.

깊숙한 곳에 머물러 있던 탄소는 수천, 수만 년의 세월이 흘러 화석연료가 됩니다. 자연이 오랜 시간에 걸쳐 탄소를 숨겨뒀는데, 우리는 한 세기 넘는 세월 만에 그 석유와 가스를 찾아 땅 위로 끄집어냈습니다. 인류가 이를 에너지로 사용하는 방법은 연소였죠. 화석연료를 연소함으로써 우리는 열을 얻고, 전기를 만들고, 자동차를 움직이고, 비행기를 하늘에 띄웠습니다.

- 탄소포집저장은 석유화학단지나 철강회사, 제조사 등 대규모 발전소나 공장에서 발생한 탄소를 포집한 뒤 이를 선박이나 파이프로 운송해 해저와 같은 지층에 이산화탄소를 다시 주입하는 식으로 저장만 하는 것을 의미합니다.

연소는 대표적인 산화 반응입니다. 물질이 산소와 만나 나타나는 현상입니다. 탄소로 이루어진 유기체가 땅속에 묻히고, 그것이 석유나 가스가 되기까지는 수많은 시간이 걸렸지만, 우리는 엄청나게 빠른 시간에 이를 다시 이산화탄소로 바꿔놓은 것이죠. 우리가 탄소와 산소를 만나게 한 장본인인 셈입니다. 결국 자연의 분리 과정보다 우리의 합성 과정이 더 빠르게 진행되면서 대기 중 이산화탄소 농도는 빠르게 높아질 수밖에 없었습니다.

자연은 우리가 뿜어낸 이산화탄소의 절반가량을 품어주고 있습니다. 지난 10년(2012~2021년) 동안 배출한 탄소는 10.7Gt(1Gt=10억t)입니다. 이 중에서 토양 생태계와 해양 생태계가 각각 3.1Gt, 2.8Gt

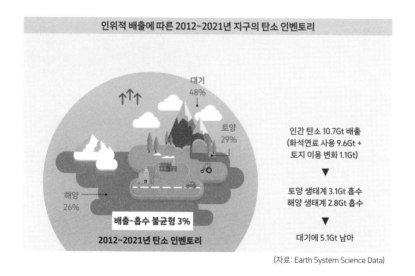

인위적 배출에 따른 2012~2021년 지구의 탄소 인벤토리

대기 48%

토양 29%

해양 26%

배출-흡수 불균형 3%

2012~2021년 탄소 인벤토리

인간 탄소 10.7Gt 배출
(화석연료 사용 9.6Gt +
토지 이용 변화 1.1Gt)

▼

토양 생태계 3.1Gt 흡수
해양 생태계 2.8Gt 흡수

▼

대기에 5.1Gt 남아

(자료: Earth System Science Data)

씩 흡수해 줬습니다. 하지만 48%에 달하는 5.1Gt은 아직 대기중에 남아있습니다. 그럼에도 우리는 이산화탄소 배출량을 줄이기는커녕 해마다 늘려오기만 했습니다. 게다가 무분별한 벌목으로 탄소를 흡수할 나무는 빠르게 사라져만 가고, 오랜 시간 탄소가 녹아든 바다는 마치 '탄산수'처럼 변해가고 있습니다. 탄소의 배출과 흡수에 불균형이 생기고 있는 겁니다.

이산화탄소는 한 번 뿜어져 나오면 200년가량 대기 중에 남습니다. 오늘 우리가 뿜어낸 이산화탄소 가운데 자연을 통해 흡수되지 못한 것들은 2220년대의 지구에도 존재하는 것이죠. 이는

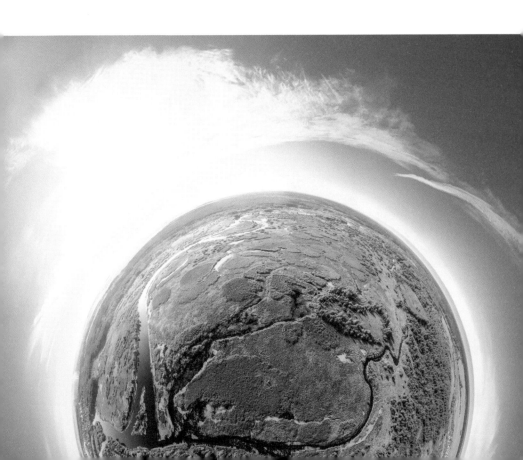

오늘날 대기 중 이산화탄소 가운데엔 1820년대에 뿜어져 나온 것들도 있다는 뜻이기도 합니다. '과거의 우리'가 '오늘의 우리'의 발목을 잡고, '오늘의 우리'는 '미래의 우리' 발목을 잡고 있습니다.

기온 상승은 얼마나 심각한가요?

기후변화에 관한 정부 간 협의체(IPCC, Intergovernmental Panel on Climate Change)는 기후변화 문제에 대처하기 위해 세계기상기구(WMO)와 유엔환경계획(UNEP, United Nations Environment Programme)이 1988년에 공동 설립한 국제기구로, 기후변화에 관한 과학적 규명에 기여하고 있습니다.

IPCC는 195개 나라에서 모인 과학자와 정부 관계자가 참여·발간하는 IPCC 평가보고서를 발표해 기후변화의 과학적 근거와 정책방향을 제시하고 유엔기후변화협약(UNFCCC)에서 정부간 협상의 근거자료로 활용합니다.

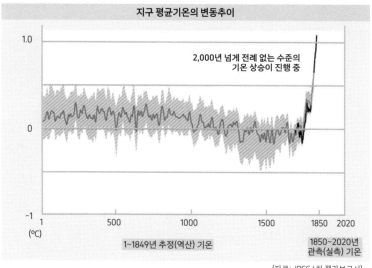

<table>
<tr><td colspan="2" align="center">지구 평균기온의 변동추이</td></tr>
</table>

2,000년 넘게 전례 없는 수준의
기온 상승이 진행 중

1.0

0

-1

1
(℃)   500   1000   1500   1850 2020

1~1849년 추정(역산) 기온   1850~2020년
관측(실측) 기온

(자료: IPCC 6차 평가보고서)

그런데 IPCC의 평가보고서를 살펴보면 지구의 기온이 올라가고 있다는 것만 문제가 아닙니다. 시간이 지날수록 기온 상승의 속도 또한 빨라지고 있습니다.

IPCC 6차 평가보고서(2022년)에 따르면, 산업화 이전 시기의 평균기온을 기준으로 놓았을 때, 2003~2012년 평균기온은 그보다 0.78℃가량 오른 상태였습니다. 2011~2020년 평균기온은 기준 대비 1.09℃나 올랐습니다. 10년도 채 안 되는 시간 사이에 0.31℃나 오른 셈입니다.

기온이 높아지면서 덩달아 바닷물의 높이(해수면)도 빠르게 높아졌습니다. 1901~1971년 전 지구적으로 해마다 평균 1.3mm씩 오르던 해수면의 높이는 2006~2018년 사이, 연평균 3.7mm씩 높아졌습니다. 극지방 얼음(해빙)이 녹아내리면서 바닷물을 늘린 결과입니다.

그럼에도 여전히 '기후변화는 거짓말'이라며 믿지 않는 이들을 위해, IPCC는 6차 평가보고서에 친절한 부연 설명을 해줬습니다. IPCC는 지구 기온에 영향을 미치는 요인을 인공적 요인과 자연적 요인으로 구분해 분석했습니다. 인공적 요인엔 크게 온실가스 배출과 그 외 인간의 활동이 있습니다. 자연적 요인엔 태양, 화산 등 자연 현상과 내부 변동성이 있고요.

분석 결과, 자연적 요인으로 인한 기온의 변동 폭은 0에 수렴했

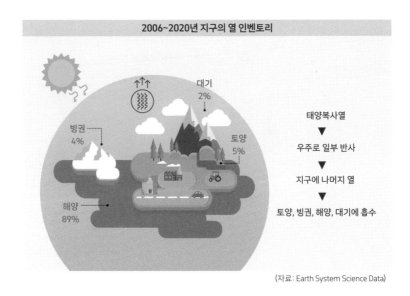

2006~2020년 지구의 열 인벤토리

대기
2%

빙권
4%

토양
5%

해양
89%

태양복사열
▼
우주로 일부 반사
▼
지구에 나머지 열
▼
토양, 빙권, 해양, 대기에 흡수

(자료: Earth System Science Data)

습니다. 별다른 영향이 없었다는 뜻입니다. 그런데 인공적 요인에 따른 변동 폭은 매우 컸습니다. 온실가스 배출 행위가 기온을 1.5℃ 높였던 것입니다. 반면, 인간의 그 외 활동은 기온을 0.4℃가량 낮추는 역할을 했습니다.

인간의 온실가스 배출은 그 자체로도 대기의 온도를 높이는 역할을 하지만, 지구가 더 많은 태양 복사열을 흡수하게 되는 악순환으로 이어집니다. 바로 양의 되먹임*입니다. 지구가 태양으로

• 양의 되먹임(positive feedback)은 기후를 정상 수준에서 벗어나게 하는 연쇄 반응들을 말합니다. 반대로 음의 되먹임도 있는데, 기후를 정상 수준으로 돌아오게 하는 연쇄 반응들을 말합니다.

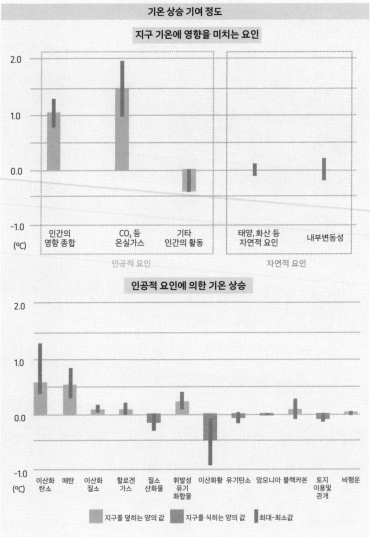

기온 상승 기여 정도

지구 기온에 영향을 미치는 요인

- 인간의 영향 종합
- CO₂ 등 온실가스
- 기타 인간의 활동
- 태양, 화산 등 자연적 요인
- 내부변동성

(℃)

인공적 요인 　　　　　자연적 요인

인공적 요인에 의한 기온 상승

- 이산화탄소
- 메탄
- 이산화질소
- 할로겐가스
- 질소산화물
- 휘발성 유기 화합물
- 이산화황
- 유기탄소
- 암모니아
- 블랙카본
- 토지 이용및 관개
- 비행운

(℃)

■ 지구를 덮히는 양의 값　■ 지구를 식히는 양의 값　┃ 최대-최소값

(자료: IPCC 6차 평가보고서)

부터 받은 열에너지 가운데 우주로 되돌려 보내지는 것을 제외한 에너지는 대략 380ZJ(제타줄)입니다. 이 열의 89%는 바다가 흡수합니다. 토양은 5%, 빙권은 4%, 대기에 남는 열은 2%뿐입니다.

바닷물이 달궈지고 대기가 뜨거워지면서 태양열을 반사하는 하얀 표면의 해빙과 만년설이 녹아내리면, 그 자리는 검은빛 바다와 흙으로 변하게 되죠. 태양으로부터 같은 양의 에너지가 전달된다고 하더라도 이를 반사하기보단 더 흡수하게 되고 이는 곧 지구의 온도를 높이는 결과로 이어집니다. 안 그래도 더워지는 지구인데 더 달궈지기 쉬운 환경으로 바뀌는 것입니다.

팩트체크 3

이렇게
기온이 오르면
어떻게 되나요?

2021년 8월, IPCC의 워킹그룹 I이 첫 6차 평가보고서를 펴낸데 이어 2022년 2월엔 워킹그룹 II의 6차 평가보고서가 발표됐습니다. 워킹그룹 I이 기후변화의 과학적 근거를 다뤘다면, 워킹그룹 II는 기후변화가 미치는 영향과 그 변화에 대한 적응, 그리고이 변화에 취약한 것이 무엇인가를 따져봤습니다.

워킹그룹 II 보고서는 앞서 공개된 워킹그룹 I의 보고서와 마찬가지의 방식으로 만들어졌습니다. 전 세계 각국의 과학자들이 모여 그간의 연구 결과들을 모아 종합했습니다. 그리고 모두가 그내용의 객관성을 인정한 내용만을 담았습니다. 보고서의 1차 초안에만 세계 각국에서 1만 6,348건의 코멘트를 받았고, 2차 초안은 4만 293건의 코멘트를 받았습니다. 그리고 최종안을 만드는데 추가로 5,777건의 코멘트가 있었죠. 이번 보고서에 인용된 논문이나 보고서만도 3만 4,000건이 넘습니다.

이렇게 여러 차례의 걸러내기와 만장일치 동의 끝에 나온 이보고서는 육상, 민물, 해양 등 모든 생태계가 받고 있는 심각한기후변화의 영향을 담고 있습니다. 특히 유럽과 북미, 북극에선모든 종류의 생태계가 영향을 받은 것으로 나타났죠.

인류도 기후변화에 영향을 받았습니다. 물, 농업과 목축업, 수산업 등 자연을 통해 우리가 생산해 내는 것에 대부분 영향을 미쳤습니다. 질병이나 영양상태, 정신건강에 부정적인 영향을 미쳤

기후변화로 생태계가 받은 영향								
생태계 구조의 변화			생태계 구성 종의 변화			생물 계절의 변화		
토양	민물	해양	토양	민물	해양	토양	민물	해양
●	●	●	●	●	●	●	●	●
●	●	●	●	○	●	○	●	●
●	●	●	●	●	○	●	●	●
●	○	●	●	○	●	●	●	●
●	●	●	●	●	●	○	○	●
●	●	●	●	●	●	●	●	●
●	●	●	●	●	●	●	●	●
●	●	●	●	●	●	●	○	●
●	●	●	●	●	●	●	●	●
●	○	●	●	○	●	●	○	○

행(위에서부터): 지구 평균 / 아프리카 / 아시아 / 오세아니아 / 중남미 / 유럽 / 북미 / 군소도서국 / 북극 / 남극

범례
기후변화가 미친 영향의 정도

● 매우 높음·높음
● 보통
● 낮음
○ 근거가 제한적

(자료: IPCC 6차 평가보고서)

을 뿐 아니라, 기후변화로 삶의 터전을 떠나야만 하는 문제까지 발생했죠. 각 개인이 피해를 본 데다 사회 인프라를 넘어 주요 경제 부문도 기후변화로 인한 피해를 보았습니다.

　우리나라가 속한 아시아, 특히 동아시아는 기후변화로 인한 피해가 매우 심각한 수준으로 나타났습니다. 홍수, 해수면 상승, 폭염이나 도심 열섬현상*, 폭우, 가뭄이나 물 부족, 태풍까지 기후변화로 나타나는 거의 모든 문제를 겪고 있는 것이죠.

　이미 현실로 찾아온 위기도 심각했지만, 앞으로 다가올 위기는

---

* 열섬현상은 도시 내 인구와 자동차, 각종 설비 등 인공 열원, 콘크리트 건물의 증가로 교외 지역 대비 도시 중심부의 기온이 크게 높아지는 현상을 말합니다.

　　　　　　　　　　　　　　　　　　　　　　　기후 블랙홀

가히 위협적입니다.

이런 상황에서 지구의 기온이 계속 상승해 산업화 이전보다 5℃ 높아지면 땅과 강에서 살아가는 생태계의 60%가 멸종합니다. 평균 기온 상승 폭을 줄이기 위한 감축 노력을 기울이지 않는다면, 지금 농축업을 하는 땅의 30%가 가축을 키우기 부적합한 땅으로 변합니다. 바닷속 수산자원은 15.5%나 줄어들고요.

그나마 우리가 노력을 기울여 평균기온 상승 폭을 산업화 이전 대비 2℃로 묶는다 하더라도 피해가 예상됩니다. 기후변화로

기후변화로 인류가 받은 영향

	물과 식량 생산에 미친 영향				보건과 복지에 미친 영향				도시·지역에 미친 영향			
	물 부족	농작물 생산	목축업 생산	수산업 생산	질병 질환	온열질환 영양실조	정신 건강	이주	홍수 피해	태풍 해일	인프라 피해	주요 경제 부문 피해
지구 평균												
아프리카												
아시아												
오세아니아								na				
중남미							na					
유럽												
북미												
군소 도서국												
북극												
연안 도시							na					
지중해 지역							na					
산간 지역								na			

범례
기후변화가 미친 영향의 정도
- ● 매우 높음·높음
- ● 보통
- ◐ 낮음
- ○ 근거가 제한적
- na 평가 안 함
- − 부정적 영향을 미침
- ± 긍정적·부정적 영향을 미침

(자료: IPCC 6차 평가보고서)

부터 상대적으로 피해를 덜 입을 것만 같았던 도시지역의 인구도 심각한 물 부족을 겪게 됩니다. 무려 전 세계에서 4억 1천만 명에 이릅니다. 도시가 아닌 외곽 지역까지 포함하면 그 수는 더욱 늘어날 테죠. 국제사회가 합의한 마지노선인 1.5℃를 사수한다고 해도 도시에서만 3억 5,000만 명이 물 부족에 시달릴 것으로 예상됩니다.

지금껏 우리나라에선 많은 이가 1.5℃ 목표를 '이상적이지만 꼭 지키지 않아도 괜찮은' 목표로 여겨왔습니다. 이는 하나의 지향점일 뿐, 실제 달성을 위한 목표는 아니라는 것이죠. 이를 달성하려면 탄소 배출량을 급격히 줄여야 하는데, 그것이 쉽지 않은 것은 사실입니다. 하지만 그렇게 어렵다는 1.5℃ 목표조차 우리의 안전을 100% 담보하지 못한다는 것은 이미 증명됐습니다. 이 목표는 '권장 사항'이 아닌 '최소 필수 조건'인 것이죠.

팩트체크 **4**

그래도 한국은, 아시아는 괜찮지 않나요?

전 지구 온실가스 농도, 해수온과 해양 열용량, 해수면의 상승 정도, 바닷물의 산성도는 기후변화의 심각성을 살펴볼 수 있는 네 가지 지표입니다. 안타깝게도 그 지표들 모두 역대 최고치를 기록 중입니다. 2021년 기준 전 지구 온실가스 농도는 413.2ppm 으로 역대 최고를 기록했습니다. 2020년 대비 해양 열용량은 14ZJ 더 늘어났고, 해수면은 8mm나 높아졌습니다. 대기 속 이산화탄소가 바닷물에 녹아들며 해양산성도*(해양산성화)는 pH 8.05로 역대 가장 낮은 수치를 기록했고요.

달궈진 지구로 인해 북극 해빙의 면적은 크게 줄어들었습니다. 미국항공우주국(NASA)에 따르면, 1980년 754만km²였던 해빙은 2021년 472만km²로 쪼그라들었습니다. 10년 평균 13%씩 줄어들고 있는 셈이죠.

세계기상기구(WMO)에 따르면, 2020년 아시아 지역 기온은 과거 30년(1981~2010년) 평균 대비 1.42℃ 오르며 역대 최고를 기록

• 바닷물이 산성으로 변했다는 뜻이 아니라 산성도가 강해졌다는 의미로 '해양산성화(Ocean Acidification)'라는 말을 씁니다. 이러한 변화는 화석연료 연소로 지탱되는 현 인류 문명이 일으킨 지구온난화와 더불어 대표적인 전 지구 규모 환경 파괴의 사례로 지목되고 있습니다. 인류가 본격적으로 화석연료에서 에너지를 추출하기 시작한 산업혁명 이전에 표층 해수의 산도는 8.2로 예상되고 현재는 8.1로 0.1pH 단위만큼 산성화를 겪었습니다. 0.1 단위는 산도를 결정하는 수소이온의 농도가 이미 30%나 증가했음을 말해주는 것으로 매우 심각한 수치입니다.

했습니다. 한반도가 속한 동아시아 몬순 기후 지역의 강수량도 급증했습니다. 2020년 몬순 기후 지역 강수량은 과거 30년 대비 2배로 늘었고, 아시아 지역의 해수온 상승 속도는 전 지구 평균의 5배에 달했습니다. 앙상하게 뼈만 남은 북극곰을, 국가가 점차 물에 잠기고 있는 적도 부근의 섬나라 걱정도 해야겠지만, 당장 우리 스스로부터 걱정해야 하는 것이죠.

그런 만큼 기후변화로 인한 영향과 피해는 엄청났습니다. 지난 2020년 남아시아에서 가뭄이나 폭우, 홍수 등으로 영양 부족을 겪은 사람의 수만도 3억 명이 넘었습니다. 사이클론 암판으로 살곳과 일터를 잃어 무려 490만 명이 이주해야 했고, 태풍 몰라베로 130만 명의 이주자가 발생했습니다. 그 밖의 사이클론이나 태

기후변화로 인한 아시아 지역 2020년 피해 현황		
영양 부족	동남아시아	4,880만 명
	남아시아	3억 570만 명
	서아시아	4,230만 명
의사에 반한 이주	사이클론 암판	490만 명
	태풍 몰라베	130만 명
	기타 사이클론, 태풍, 몬순 및 홍수 등	최소 400만 명
사회·경제적 비용	2020년 극한 기상현상에 따른 피해액 상위 5개국(중국, 인도, 일본, 한국, 러시아) 총합 4,528억 8,200만 달러	

(자료: WMO, IMO)

풍, 홍수 등으로 최소 400만 명이 살던 곳을 떠났습니다.

기후변화로 인한 피해에 대한 거리감은 이렇게 북극곰에서 아시아로 좁혀졌습니다. 하지만 여전히 '한·중·일은 괜찮은가 보네'라고 생각하고 있지는 않나요? 아시아 지역의 선도 국가로서 달라지는 기후와 그로 인한 극한 기상현상에 다른 나라보다 좀 더 유연하게 대응할 수 있는 것은 맞습니다. 하지만 경제와 기술, 인프라 등 가진 것이 많다는 것은 곧 '잃을 것 또한 많다'라는 것을 의미합니다.

지난 2020년 기후변화에 따른 극한 기상현상으로 발생한 사회경제적 피해액은 수천억 달러에 달합니다. 피해 규모 Top 5는 중국, 인도, 일본, 한국, 러시아 순이었습니다. 기후변화로 인

한 '기상현상'에만 국한했음에도 중국의 한 해 피해 규모는 무려 2,379억 7,100만 달러에 달했습니다. 우리 돈으로 310조 원이 넘습니다. 일본의 피해액 역시 833억 5,000만 달러로 매우 컸습니다. 우리나라의 피해액도 242억 7,900만 달러로 31조 원이 넘습니다. 이래도 '기후변화는 북극곰의 일', '기후변화는 일부 아시아 개발도상국만의 일'일까요.

우리나라 상황이 그렇게 심각한가요?

한반도는 매우 빠르게 달궈지는 중입니다. 지난 40년간 우리나라의 연평균 기온을 살펴보면 확연히 드러납니다. 1981년 11.4℃였던 우리나라의 연평균 기온은 1990년 13℃를 넘어서더니 2016년 13.6℃로 역대 최고를 기록했습니다. 그리고 2020년 연평균 기온은 13.2℃, 2021년엔 13.3℃를 기록했습니다. 그래프는 등락을 거듭했지만 분명한 사실은 '우상향하고 있다'라는 것이죠.

바다의 상황도 심상치 않습니다. 2022년 기상청은 처음으로 한반도 해양기후를 분석한 보고서를 발표했습니다. 1981년부터 2020년까지, 지난 40년간 지구 전체와 한반도 바다의 변화를 자세히 살펴본 겁니다. 그 결과 기상청의 표현을 빌리자면, 우리의 바다는 점점 더 뜨겁고, 거칠어지고 있었습니다.

지난 40년간 한반도 바다의 유의파고˙와 평균 풍속, 표층 수온˙˙은 모두 상승세를 이어갔습니다. 파도는 더욱 높아지고, 바람 또한 거세졌으며, 해수면의 온도도 크게 올랐죠. 유의파고의 높이는 연평균 1.9mm씩 높아졌습니다. 40년 새 약 7~8cm 높아진 겁니다. 평균 풍속은 파고나 수온 대비 상승 폭이 작았습니다만, 꾸준한 상승세를 보였습니다. 극한 풍속도 마찬가지였는데요,

---

• 유의파고는 일정한 시점 동안 관측한 파고 자료 가운데 높은 파고로부터 전체의 1/3 이내에 있는 파도에 대해 구한 평균 파고와 주기를 가진 개념상의 규칙 파를 말합니다.
•• 표층 수온은 바다 표면에 위치한 물의 온도를 말합니다.

1981~2010년 평균 극한 풍속이 초속 10.58m였고 1991~2020년엔 초속 10.63m로 빨라졌습니다.

해수면의 온도 역시 높아졌습니다. 지난 40년간, 해마다 평균 0.2℃ 이상 오른 꼴입니다. 1981년부터 1990년까지 10년 평균 한반도 연근해의 평균 표층 수온은 18℃를 간신히 넘는 수준이었습니다. 하지만 2011~2020년 평균 표층 수온은 18.65℃로 30년 새 무려 0.64℃나 올랐습니다. 전 지구 평균 상승 폭의 2배 수준입니다.

0.64℃ 오른 게 뭐가 대수냐는 목소리도 있을 수 있습니다. 그

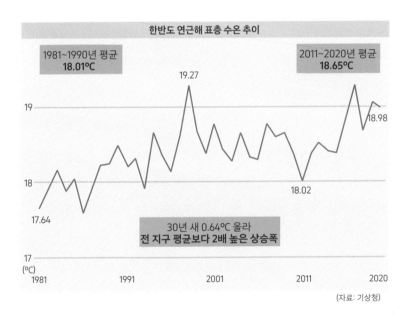

(자료: 기상청)

저 종이컵에 담긴 물이라면 따뜻한 손으로 감싸고 있는 것만으로 온도가 약간은 오르겠죠. 하지만, 깊고 드넓은 바닷물이라면 얘기가 다릅니다. 0.1℃만 올리는 데도 엄청난 양의 에너지가 필요합니다. 전문가들이 흔히 예를 들어 하는 표현이 있습니다. 바닷물의 온도 1℃를 높이는 데는 히로시마 원폭에 쓰인 핵폭탄 2,800만 개가 한 번에 폭발하는 정도의 에너지가 필요하다고 말이죠. 바다는 이렇게 막대한 에너지로 데워진 것입니다.

팩트체크 **6**

날씨야
나라마다
다를 수 있는 것
아닌가요?

지난 2022년 겨울은 변화무쌍한 모습을 한껏 뽐냈습니다. 같은 겨울이라 할지라도 2022년 12월과 2023년 1월은, 그리고 2023년 1월 초와 1월 중순은 너무도 달랐죠. 전국이 꽁꽁 얼어붙으며 곳곳에 폭설이 내렸던 크리스마스가 무색하게, 한 주가 지나자 전국 각지의 기온은 크게 올랐습니다. 겨울잠을 자던 누룩뱀이 갑자기 깨어나 곳곳에서 출몰하고, 제주에선 봄꽃인 매화가 활짝 필 정도였습니다.

세계 각지에서도 기상이변이 잇따랐습니다. 한반도가 얼어붙었던 12월, 러시아에선 이상고온 현상이 나타났습니다. 모스크바의 기온이 서울보다 높을 정도였죠. 반대로 봄처럼 서울의 기온이 포근해진 1월 초, 모스크바에선 강이 꽁꽁 얼어붙었습니다. 러시아 중부 도시 우파의 기온은 최저 영하 39℃까지 떨어지며 49년 만에 최저기온 기록을 갈아치우기도 했습니다. 같은 기간 유럽에선 고온 현상이 나타났습니다. 스페인 말라가와 프랑스 남부, 모나코 몬테카를로 해변에선 사람들이 1월에 해수욕을 했고, 스위스 북부에 이상고온 현상이 생기며 알프스 산맥에 위치한 스키장은 눈이 쌓이기는커녕 잔디밭으로 변해버렸습니다.

우리가 매일같이 겪는 다양한 기상현상에 영향을 미치는 요소는 무수히 많습니다. 하지만 이중 '이상 현상'을 부르는 주요 원인을 꼽자면, 그것은 바로 인간 우리 자신입니다. 온실가스 배출로 비롯된 기후변화가 이상하리만큼 포근하거나 반대로 이상하리만큼 추운 겨울을 만들어낸 겁니다. 우리가 '지구온난화'라는 표현을 넘어 '기후변화'라는 표현을 쓰게 된 이유입니다.

전 지구 기온 현황을 보더라도 다른 곳보다 북극의 기온 상승 폭은 훨씬 큽니다. 온실가스의 영향을 특히나 더 받을 수밖에 없기 때문입니다. 기온이 오르면서 극지방의 모습엔 큰 변화가 생깁니다. 하얗던 해빙이 녹아내리면 검푸른 바다가 나타납니다. 태양으로부터 같은 양의 에너지가 전해진다고 해도, 열을 반사하지 못해 더 많은 열을 흡수할 수밖에 없는 겁니다. 결국 이는 더 심각한 온난화를 부르고, 그렇게 해빙이 녹으면 녹을수록 더 많은 열을 흡수하게 되는 악순환이 반복되죠.

그런데 이러한 북극의 변화는 그 아래 중위도 지역의 나라들에도 많은 영향을 미칩니다. 한대전선 제트기류의 변화 때문입니다. 한대전선 제트기류는 북극과 중위도 지역의 기온 차이로 인해 250hPa(헥토파스칼) 부근의 높은 하늘에서 부는 강한 바람입니다.

흔히 '북극 제트'라고도 부르는 이 바람은 극지방과 중위도의 온도 차이가 크면 클수록 강해지고, 차이가 줄면 약해지죠. 북극 기온의 상승 폭이 중위도보다 더 크면, 결국 두 지역의 온도 차가 줄어 제트기류는 약화되어 느려집니다. 시속 100~250km로 지구를 돌던 공기의 흐름이 느려질수록, 이 제트기류는 구불구불 뱀처럼 구부러지게 됩니다. 그래서 이 현상을 사행(蛇行)이라고 부릅니다. 같은 위도라 하더라도 제트기류가 위도상 아래로 구부러져 극지방의 찬 공기가 내려온 곳엔 '이상 혹한'이, 반대로 위로 올라가 찬 공기와 멀어진 곳엔 '이상 고온'이 발생됩니다.

나라마다 정반대의 겨울 날씨를 경험하기도 합니다. 같은 겨울이라 할지라도 연말에는 추웠다가 연초에는 포근해지는 변덕스러운 날씨를 보입니다. 그런데 이런 변덕은 뚜렷한 경향성을 보입니다. 하루하루를 보면 기온 그래프가 위아래로 들쭉날쭉하지만, 이를 수십 년 단위로 그려보면 우상향하고 있는 것이죠. 이러한 우상향은 북극, 중위도, 적도, 남극 할 것 없이 나타나고 있습니다.

이런 현상으로 인해 우리나라의 겨울은 점차 짧아지고 있습니다. 1980년대 102일이었던 겨울의 길이는 2010년대 87일로 보름이나 줄었습니다. 같은 기간, 여름의 길이는 113일에서 127일로 2주나 늘었고요. 겨울은 석 달이 채 안 되는데, 여름은 넉 달을 넘는 겁니다.˙

• 우리나라는 기상학적 여름 시작을 일 평균기온 9일간, 이동 평균한 값이 20도 이상 올라간 뒤 다시 떨어지지 않는 때로 보고 있습니다. 같은 방식으로 봄은 일 평균기온 5도 이상일 때, 가을은 20도 미만, 겨울은 5도 미만 등이 기준입니다.

2022년 연 강수량과 가뭄일수

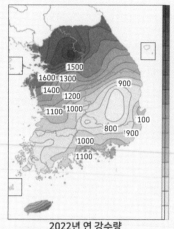

2022년 수도권 연 강수량
1,750.4mm
평년의 132.6% 수준

2022년 광주·전남 연 강수량
854.5mm
평년의 60.9% 수준

2022년 중부(1,454.7mm)와
남부(922.2mm)
연 강수량 차이
532.5mm… 역대 가장 커

2022년 연 강수량

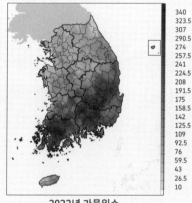

2022년 중부지방 가뭄일수
81.7일

2022년 남부지방 가뭄일수
227.3일… 역대 가장 길어

2022년 전국 평균 가뭄일수
156.8일… 역대 두 번째로 길어

2022년 가뭄일수

(자료: 기상청)

이대로라면 '뚜렷한 사계절'이라는 표현은 사라질 수밖에 없습니다. 우리가 온실가스 배출량을 줄이지 않는다는 가정하에, 당장 10년 후면 제주에서 겨울은 아예 사라질 전망입니다. 2040년 대엔 부산에서도 겨울을 찾아볼 수 없게 되고요. 2080년대엔 호남권과 경남권, 대구까지도 '기상학적 3계절'을 맞이하게 됩니다. 서울은 28일이라는 아주 짧은 시간의 '명목상 겨울'을 유지할 뿐입니다.

한 나라 안에서도 정반대의 날씨가 진행되기도 합니다. 2022년의 경우가 대표적입니다. 한반도의 절반인 우리나라 안에서도 날씨는 남북으로 나뉘었습니다. 그해 수도권의 연 강수량은 1,750.4mm로 평년(지난 30년간의 기온이나 강수량 따위의 기상 요소를 평균한 상태)의 1.3배에 달했습니다. 반면 전남권의 연 강수량은 854.5mm로 평년의 61%가량에 그쳤습니다. 중부지방과 남부지방의 연 강수량 차이는 무려 532.5mm로 역대 가장 컸습니다. 같은 해 중부지방의 가뭄일수는 81.7일이었던 반면, 남부지방은 무려 227.3일로 역대 가장 길었습니다. 중부지방에 폭우로 물난리가 나는 동안 남부지방에선 역대급 가뭄을 겪은 겁니다.

기후변화로
태풍이 더
강력해진다고요?

지난 2022년 제11호 태풍 힌남노는 우리나라에 큰 피해를 남겼습니다. 그해 태평양에서 만들어진 10개의 태풍은 한반도를 비껴갔었지만, 11번째 태풍은 그대로 한반도를 강타했습니다. 태풍이 부산을 지나던 9월 6일 새벽 6시, 강풍반경은 400km에 달했습니다. 부산과 서울의 직선거리는 320km가량이니 얼핏 태풍의 강풍반경 이내에 들어갔을 것으로 여겨질 수 있습니다. 하지만 당시 태풍의 '예외반경'을 살펴보면 이야기가 다릅니다. 강풍반경이 항상 태풍의 중심으로부터 정확한 원의 모양을 그리는 것은 아닙니다. 그래서 강풍반경을 발표할 땐 예외반경을 함께 공개합니다. 강풍반경은 400km였지만, 예외반경은 북서쪽으로 240km가량이었습니다. 즉, 수도권과 강원도의 호우 지역은 강풍반경 밖이었던 것이죠.

태풍은 남에서 북으로 움직이며 남쪽의 덥고 습한 공기를 몰고 옵니다. 당시 우리나라 북쪽엔 차고 건조한 공기가 자리 잡고 있었습니다. 서로 정반대의 성격을 지닌 두 공기가 부딪치면서 수도권과 강원도엔 강풍 대신 세찬 비가 찾아왔습니다.

도대체 태풍의 힘이 얼마나 강하기에 집채만 한 파도를 만들고, 가로수를 부러뜨리며, 엄청난 비바람을 몰고 오는 것일까요. 태풍의 에너지를 1이라고 했을 때, 나가사키 원폭의 에너지는 1만분의 1에 불과합니다. 역대 최악의 화산 폭발로 손꼽히는 인

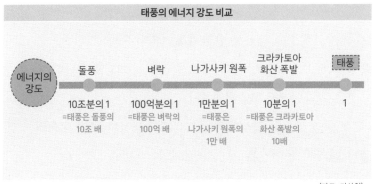

태풍의 에너지 강도 비교

에너지의 강도

돌풍	벼락	나가사키 원폭	크라카토아 화산 폭발	태풍
10조분의 1	100억분의 1	1만분의 1	10분의 1	1
=태풍은 돌풍의 10조 배	=태풍은 벼락의 100억 배	=태풍은 나가사키 원폭의 1만 배	=태풍은 크라카토아 화산 폭발의 10배	

(자료: 기상청)

도네시아 크라카토아 화산 폭발의 10배에 달한다는 것이죠. 그
럼, 이런 에너지의 원천은 어디에 있을까요. 답은 바다에서 찾을
수 있습니다.

앞에서 살펴본 것처럼 바다는 엄청난 양의 에너지를 품고 있
습니다. 그 오랜 세월, 태양으로부터 오는 열에너지를 받고 있고,
우리 인간이 뿜어낸 온실가스로 대기가 뜨거워지면서 그로 인한
추가적인 열에너지 역시 품어내고 있죠.

사시사철 꽁꽁 얼어붙어 있던 극지방의 해빙이 녹아 해수면을
높인다는 이야기, 해수면의 온도가 올라가면서 우리나라 남해안
에 열대 어종의 비율이 많이 늘어났다는 이야기…. 이런 이야기
는 다양한 보도와 과학자들의 연구 결과를 통해 접해보셨을 겁니
다. 이처럼 데워지는 바다엔 그만큼의 에너지가 축적됩니다. 이

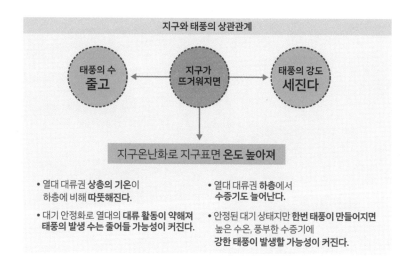

지구와 태풍의 상관관계

태풍의 수
줄고

지구가
뜨거워지면

태풍의 강도
세진다

지구온난화로 지구표면 **온도 높아져**

• 열대 대류권 **상층의 기온**이
하층에 비해 **따뜻해진다.**

• 대기 안정화로 열대의 **대류 활동이 약해져
태풍의 발생 수는 줄어들 가능성이 커진다.**

• 열대 대류권 **하층**에서
수증기도 늘어난다.

• 안정된 대기 상태지만 **한번 태풍이 만들어지면**
높은 수온, 풍부한 수증기에
강한 태풍이 발생할 가능성이 커진다.

를 살펴볼 수 있는 지표가 바로 해양 열용량입니다.

해양 열용량은 수심과 밀도, 비열˙을 통해 구해지는 값입니다. 바닷물 표면의 온도(해수면 온도)만 보는 것이 아니라, 바닷물이 어느 깊이까지 데워졌는지를 나타내는 것이죠. 제아무리 해수면의 온도가 30℃ 안팎으로 높다고 할지라도 그 속까지 데워지지 않았다면(해양 열용량이 크지 않다면), 태풍은 큰 힘을 받을 수 없습니다. 태풍의 '에너지원'이 얼마나 되는지 제대로 살펴보려면, 그저 해수면의 온도만 볼 것이 아니라 해양 열용량을 함께 살펴봐야 하는 것이죠. 이는 에너지인 만큼 J(줄) 단위로 표현됩니다.

• 비열은 어떤 물질 1g의 온도를 1℃만큼 올리는 데 필요한 열량을 말합니다.

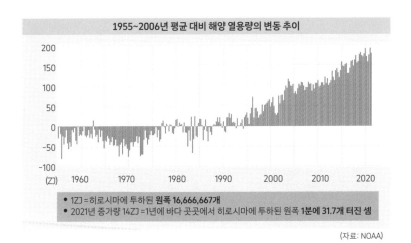

1955~2006년 평균 대비 해양 열용량의 변동 추이

- 1ZJ = 히로시마에 투하된 **원폭 16,666,667개**
- 2021년 증가량 14ZJ = 1년에 바다 곳곳에서 히로시마에 투하된 원폭 **1분에 31.7개 터진** 셈

(자료: NOAA)

계속해서 뜨거워지고 있는 지구에서 달궈지는 것은 비단 땅과 공기만이 아닙니다. 바다도 계속해서 뜨거워지고 있죠. 그래프 '1955~2006년 평균 대비 해양 열용량의 변동 추이'는 1955~2006년 평균 전 지구 해양 열용량을 기준(0)으로 했을 때 해마다 열용량이 얼마나 늘거나 줄었는지를 나타냅니다. 파란색으로 음의 방향으로 그래프가 그려진 해는 평균보다 해양 열용량이 적었던 것을 의미합니다. 반대로 붉은색으로 양의 방향으로 그래프가 그려진 해는 평균보다 해양 열용량이 늘어난 것을 의미합니다.

1955년 이래로 지구 전체의 해양 열용량은 무려 337ZJ가량 늘었습니다. 2020년에서 2021년으로 넘어가는 1년 사이에만 14ZJ

이 늘었고요. J과 ZJ은 우리가 일상에서 쓰는 단위가 아니기에 '엄청난 에너지'와 비교해 보자면 다음과 같습니다.

　1ZJ은 히로시마 원폭 16,666,667개의 에너지와 맞먹는 힘입니다. 최근 1년 새 바다에서 늘어난 에너지의 양은 14ZJ, 즉 히로시마 원폭에 쓰인 폭탄이 1분마다 31.7개씩 터진 것과 같은 정도죠. 특히 아시아 지역의 바다엔 더 많은 에너지가 집중됐습니다. 이러한 추세가 지속된다면, 우리가 걱정해야 하는 강도 높은 태풍이 늘어날 수밖에 없습니다. 좀 더 정확하게 상황을 바라보려면 뜨거운 지구와 태풍의 상관관계를 들여다볼 필요가 있습니다.

　기후변화로 인한 지구 온난화는 땅과 바다, 공기 모두를 달굽니다. 거기에 온도가 높을수록 바다에서 증발하는 수증기가 많아 대기 중 수증기량이 증가하죠. 이렇게 되면, 고도가 높아질수록 기온이 떨어지는 기온감률*이 줄어들게 됩니다. 이는 곧 대기의 안정화로 이어집니다. 태풍이 만들어지는 열대 지역에서 대류 활동이 약해지는 것이죠. 이 활동이 격해져야 태풍이 만들어지는데, 태풍이 만들어지기엔 대기가 너무도 안정적인 모습을 보이는 겁니다. 이는 곧 태풍의 발생 수가 줄어드는 결과를 부르고요.

그런데 왜 기후변화가 심해질수록 태풍으로 인한 피해가 커진다고 하는 걸까요. 땅과 바나, 공기 모두가 데위지면서 열대 대류권 하층에선 바다로부터 뿜어져 나오는 수증기가 늘어나게 됩니다. 비록 '상대적으로 안정적인' 대기 상태라 할지라도, 어쩌다 태풍이 한번 만들어지면 높은 수온과 그로 인한 높은 해양 열용량, 대기 중에 풍부한 수증기가 더해져 강력한 태풍이 만들어질 가능성은 커집니다.

예를 들어 10개의 태풍이 만들어져도, 그 10개의 태풍 모두 강도가 약하고, 금방 열대저기압으로 바뀐다면 우리에게 별다른 피해를 남기지 않습니다. 하지만 단 5개의 태풍이 만들어지더라도, 그중 4개의 태풍이 강력한 태풍으로 발달하면 우리의 피해는 건잡을 수 없이 커집니다.

• 기온감률은 대기권 내에서 지구로부터 멀어질수록 기온이 떨어지는 비율을 말합니다.

이런 모습은 당장의 통계를 통해서도 확인할 수 있습니다. 우리나라에 영향을 미친 역대 태풍들의 통계를 살펴봤습니다. 일 최대풍속 Top 10에 해당하는 태풍 중 9개는 모두 금세기 들어 발생한 태풍이었습니다. 태풍 그 자체의 세기를 나타내는 '최저해면기압'이 가장 낮았던 10개의 태풍 중 7개 역시 21세기에 발생한 태풍이었고요.

과거를 돌아보며 '역대급 태풍'이라는 표현을 쓴다면, 아마 아주 자주 이 표현을 반복할 겁니다. 갈수록 강한 태풍이 늘어갈 터이니까요. 태풍에 대한 대비책을 세우는 과정에서 과거만을 바라보며 준비한다면, 그 대비는 매번 '부족한 대비'가 될 것입니다.

일 최대풍속 Top 10과 최저해면기압 Top 10

일 최대풍속 Top 10 (m/s)		최저해면기압 Top 10 (hPa)	
2003년 매미	51.1	1959년 사라	951.5
2016년 차바	49	2003년 매미	954
2000년 프라피룬	47.4	2020년 마이삭	957
2020년 마이삭	45	2020년 하이선	957.6
2002년 루사	43.7	2000년 사오마이	959.6
2007년 나리	43	2022년 힌남노	959.7
2019년 링링	42.1	1987년 셀마	961.5
2022년 힌남노	37.3	1987년 다이너	961.7
1961년 헬렌	36.7	2012년 볼라벤	961.9
2020년 바비	36.4	2020년 루사	962.6

(자료: 기상청)

집중호우도, 태풍도, 계속해서 과거를 뛰어넘는 악화를 거듭할 것이기 때문입니다.

　주요 온실가스 가운데 가장 큰 비중을 차지하는 이산화탄소만 놓고 보더라도, 한번 뿜어져 나오면 200년간 대기 중에 머뭅니다. 그리고 우리나라는 2018년까지 온실가스 배출 신기록 행진을 이어갔습니다. 당장 오늘부터 온실가스 배출을 0으로 만든다 해도, 온난화와 그로 인한 극한 기상현상은 계속될 수밖에 없는 상황인 것이죠. 해마다 전례 없는 태풍을 마주하게 될 우리의 어깨가 한없이 무거워질 수밖에 없는 이유입니다.

나무도 나무지만,
습지가 정말
중요하다고요?

발걸음을 옮길 때마다 스펀지처럼 물을 뿜어내면서 신발을 적시는 곳. 각종 식물도 많지만 벌레 역시 많은 곳. 그래서 선뜻 반가운 마음으로 바라보고, 걷기 어려운 곳. 흔히들 늪, '습지'라고 했을 때 떠올리는 이미지입니다. 그런데 이런 습지는 자연 속에 숨겨진 보물, 자연이 우리 인간에게 남겨준 선물과도 같습니다.

"습지는 다른 산림지와는 다르게 수계에 걸쳐 있거나 지하수위*가 풍부한 곳이라고 할 수 있습니다. 그렇다 보니 토양이 수분을 굉장히 많이 머금고 있습니다. 이탄(泥炭) 습지는 일반적인 토양의 흙과는 다른 토양입니다. 동식물의 사체가 켜켜이 쌓여서 만들어진 토양층이라고 이해하면 좋을 것 같습니다. 이런 습지는 거의 사시사철 지하수위가 높게 유지됩니다. 일반적인 산림지는 건조기가 찾아오면 토양의 수분 함량이 굉장히 떨어지는데, 그에 반해 습지는 비가 오지 않더라도 수위가 높은 상태로 유지됩니다. 물론, 비가 많이 오면 지하수위는 더 높아지고요."

–박홍철(국립공원공단 기후변화연구센터 박사)

물이 풍부한 곳이다 보니 물과 친한 식물들이 주로 자랍니다.

* 지하수위는 지면에서 지하 수면까지의 깊이를 말합니다. 우물의 자연수위 등이 해당됩니다.

각종 물이끼류나 양치식물, 버드나무류의 나무 등이 자리하고 있죠. 만약 산속을 거닐다 조금씩 이런 식물들이 눈에 띈다면, 근처에 습지가 있거나 이 땅 아래로 풍부한 물이 흐른다고 볼 수 있습니다. 물이 풍부한 만큼 각종 동식물의 쉼터 또는 삶의 터전의 역할도 합니다.

습지는 이처럼 '오롯한 자연'의 모습으로 작지만 큰 역할을 합니다. 지구 면적의 단 7%밖에 안 되는 면적이지만 이곳에서 살아가는 멸종위기 생물만도 100만 종에 달합니다. 이런 소중한 장소임에도 1970년대 이후, 지구상 3분의 1의 습지는 사라졌습니다.

이는 우리 인간에게도 직접적인 영향을 미칩니다. 습지 덕분에 생계를 유지하는 이들도 무려 10억 명에 이르죠.

그런데 이러한 습지가 갖고 있는 또 하나의 역할이 있습니다. 7%의 면적으로 지구상 33%의 육상 탄소를 저장하는 '탄소 저장고'의 역할입니다.

앞서 박홍철 박사의 이탄층에 대한 설명에서 힌트를 얻을 수 있습니다. 동식물의 사체가 켜켜이 쌓여서 만들어졌다는 설명 말입니다. 그런데 이것이 어떻게 '탄소 저장'으로 이어질 수 있을까요.

"탄소 저장과 탄소 흡수는 조금 다른 개념입니다. 일반적으로 식물이 광합성을 통해 대기 중의 이산화탄소를 흡수해서 나무 목질의 형태로 저장하죠. 그 자체가 바로 탄소입니다. 그런데 습지는 나무처럼 대기 중의 이산화탄소를 흡수하기도 하지만, 생태계에서 살아가고 있는 동식물의 사체 역시 탄소를 저장한 결과물이죠. 이 사체가 켜켜이 쌓여있다는 것은 곧 탄소가 켜켜이 땅속에 저장되어 있다는 것을 의미합니다."

―박홍철(국립공원공단 기후변화연구센터 박사)

우리 지구의 숲이 해마다 흡수하는 이산화탄소의 양은 156억 톤에 달합니다. 우리나라의 '역대 최고 배출 기록'이 세워진 2018년 수준의 최소 21.4배에 달하는 이산화탄소를 푸르른 식생이 품어주는 것이죠. 지구상에 한국만한 숲이 추가로 21개 있다면, 그저 자연보전만으로도 탄소중립을 달성할 수 있을지 모릅니다. 하지만 우리는 지금도 이러한 자연을 파괴하고 있고, 지구상에 나라의 수는 이보다 훨씬 많죠. 어쩌면 이러한 통계는 우리가 자연이 받아줄 수 있는 수준 이상으로 지구를 혹사하고 있다는 방증일지도 모릅니다.

그런데 이러한 자연의 탄소 저장량을 식생*별로 구분했을 때, 꽤 놀라운 결과가 나왔습니다. 단위 면적당 저장량을 따져봤더니, 그 어떤 자연환경도 습지만큼 탄소를 품지 못했던 것이죠. 습지 1ha(헥타르)당 무려 686t(톤)의 탄소를 품고 있었습니다. 온대림**의 4.5배에 달하고, 열대림의 약 3배가량입니다.

습지의 탄소 저장량 중 대부분은 그 켜켜이 쌓인 토양에서 비롯된 것이었습니다. 하지만 식생의 저장량도 결코 무시할 수 없는 수준입니다. 온대림 식생의 흡수량이 1ha당 57t인데, 습지 식생의 흡수량이 43t입니다.

이 때문일까요. IPCC의 6차 평가보고서에서도 이러한 자연의 감축 역할이 과학적으로 규명되고, 강조됐습니다. IPCC의 워킹그룹 III은 발전, 수송, 산업, 건물, 농림 및 토지 등 모든 부문에 걸친 여러 감축 옵션의 감축 잠재량을 평가했습니다. 그 결과 연간 감축량 측면에서 자연환경은 다른 그 어떤 감축 옵션들보다 뛰어난 감축량을 지닌 것으로 나타났습니다.

- 식생은 지표를 덮고 있는 식물의 집단. 열대림, 온대림 등 일정 지역에 자라고 있는 식물의 군락을 뜻합니다.
- ••온대림은 사계절이 뚜렷한 온대기후 지역에 나타나는 삼림의 총칭입니다. 우리나라 산림은 온대림에 속합니다. 온대기후 지역은 오늘날 문명의 중심을 이루고 있는 곳들로서 인구가 많고, 도시가 발달하여 천연림은 대부분 파괴되고, 인공림이 대부분입니다. 삼림의 면적도 이전보다 훨씬 축소되었습니다.

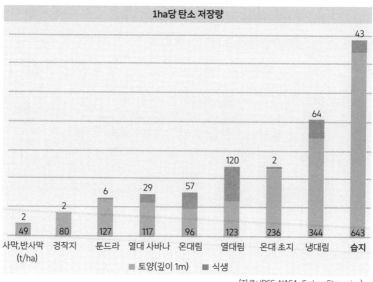

1ha당 탄소 저장량

	사막,반사막 (t/ha)	경작지	툰드라	열대 사바나	온대림	열대림	온대 초지	냉대림	습지
식생	2	2	6	29	57	120	2	64	43
토양(깊이 1m)	49	80	127	117	96	123	236	344	643

■ 토양(깊이 1m) ■ 식생

(자료: IPCC, NASA, Carbon Streaming)

전체 옵션의 수는 43개에 달했는데, 이중 연간 4Gt 안팎을 줄일 수 있는 옵션은 단 4개뿐이었습니다. 발전 부문의 ① 풍력발전과 ② 태양광발전, 농림 및 토지 이용 부문의 ③ 탄소격리 농법, ④ 산림·습지 등의 보전 및 용도 변경 지양만이 그 정도의 감축을 할 수 있는 선택지였던 것이죠. 위의 ③, ④번과 같은 노력을 자연기반 해법(NBS, Nature-based Solution)이라 부르는 이유입니다. 6차 평가보고서의 저자 중 한 명인 명수정 한국환경연구원 선임연구위원은 이러한 습지의 역할을 강조했습니다.

기후 블랙홀

"습지의 대표적인 가치나 기능은 여러 생물의 서식처가 된다는 겁니다. 그렇게 생물다양성을 유지해 주고, 환경오염 물질을 정화해 주기도 합니다. 홍수나 가뭄과 같은 자연재해를 완충해 주는 역할도 하죠. 물을 머금고 있다가 가뭄 때는 우리가 '녹색 댐'이라 부르는 산림처럼 물을 내뿜어 주고, 홍수 때는 물을 더 많이 흡수해서 저장해 주는 겁니다. 도시와 상대적으로 가까이 위치한 습지는 습도나 온도에 대해서도 완충 기능을 해줍니다. 또한 기후변화 시대에 탄소를 흡수하고 저장해서 흡수원의 기능을 하고 있습니다."

– 명수정(한국환경연구원 선임연구위원, IPCC AR6 워킹그룹 II 저자)

이처럼 소중한 습지인데 문제는 전 세계적으로 1970년대 이후 습지의 3분의 1 이상이 사라졌다는 사실입니다. 진작 이러한 습지의 가치를 알았다면, 이를 통해 우리 인간에게 돌아오는 편익을 알았다면, 절대 벌어지지 않았을 일입니다.

이는 우리나라도 마찬가지입니다. 지난 2016년 기준, 전국의 내륙습지는 파악된 곳만 2,499곳에 달했습니다. 그런데 2018년 이들 습지 가운데 1,400여 곳을 살펴봤더니 165곳이 훼손된 상태였습니다. 조사 대상의 약 12%에 달합니다. 91곳은 애초 조사 때보다 면적이 줄어들었고, 74곳은 아예 사라져 버렸습니다.

훼손된 원인은 우리 인간에 있었습니다. 훼손된 사례 가운데 약 90%의 습지는 경작지, 도로 또는 기타 시설물로 변해버렸습니다. 이렇게 우리나라의 습지는 위기에 빠져버렸습니다.

습지의 훼손은 감축 잠재량이 큰 흡수원의 상실을 의미합니다. 그런데 '흡수원 상실'을 넘어 '배출의 급증'을 부른다는 점은 더 큰 문제입니다. 습지의 훼손은 '탄소 저장고'의 뚜껑을 열어버리는 일이기 때문입니다.

"인간의 훼손 등으로 이러한 습지가 파헤쳐지면, 저장되어 있던 탄소가 다시 대기 중으로 방출됩니다. 이산화탄소의 형태로 뿜어져 나오는 것이죠. 습지를 훼손하는 행위 자체가 배출 행위가 될 수 있는 겁니다."

―박홍철(국립공원공단 기후변화연구센터 박사)

온갖 생태계를 통틀어 1ha당 가장 많은 양의 탄소를 저장하고 있는 습지는 판도라의 상자와도 같습니다. 습지의 탄소 저장밀도가 높다는 것은, 반대로 훼손되면 그만큼 어마어마한 고농도 배출원이 될 수 있다는 뜻이기 때문입니다. 습지의 고농도 온실가스 배출을 막기 위해서, 그리고 아직까진 대규모 상용화를 기대하기 어려운 CCUS 기술에 앞서 자연 기반 저장을 십분 활용하기 위해서도 습지의 보호는 중요합니다. 그리고 이러한 보호의 첫걸음은 앞서 설명한 것과 같이 '제대로 아는 것'에서 출발합니다. 하지만 우리나라의 첫걸음은 아직 부족한 상태입니다.

국립공원공단은 지난 2022년 전국 22곳의 국립공원에 대한 탄소 저장량 평가 결과를 공개했습니다. 생태별 단위 면적당 탄소 저장량을 살펴본 결과, 습지는 여타 다른 생태 부문 대비 적은 저장량을 보였습니다. 앞서 IPCC의 평가 결과와는 사뭇 다른 모습입니다. 그 어떤 생태 부문 대비 가장 높은 탄소 저장밀도를 보였던 곳이 습지였지만 국내 조사에선 그렇지 못했던 것이죠. 이는 연구 방법의 차이에서 비롯된 결과입니다. 국내 연구 과정에선 토양 샘플을 50cm 깊이로 채취했고, 해외는 1m까지의 탄소 저장량을 평가했기 때문입니다.

습지마다 접근성은 천차만별입니다. 접근이 쉬운 습지도 있지만 험난한 산속을 거쳐서야 만나볼 수 있는 습지도 있습니다. 그렇게 마주한 습지에서 가로세로 1m, 깊이 50cm의 수분을 잔뜩 머금은 토양 샘플을 들고 연구실로 돌아와야 하는 것이죠. 결국 정확하고 심층적인 분석을 위해선 충분한 시간과 인력, 각종 지원이 뒷받침되어야만 합니다. 지금과 같은 상황에선 이렇게라도 샘플을 채취해 연구했다는 것 자체만으로도 쉽지 않은 일을 해낸 것이라 해도 과언이 아닐 겁니다.

습지는 국립공원에만 존재하는 것이 아닙니다. 국립공원 내 주요 습지로는 6곳(오대산 질뫼 늪습지, 내장산 입안산성습지, 무등산 평두메습지, 가야산 관음 골습지, 경주 암곡습지, 지리산 외국습지)을 꼽을 수 있습니다만, 실제 전체 습지의 수는 이보다 훨씬 많습니다. 「습지보전법」에 의해 습지 보호지역으로 지정된 곳만으로도 전국 48곳, 면적으로는 1,573km²에 이릅니다. 또한 환경부와 국립환경과학원 국립습지센터가 전국 조사를 통해 발굴해 낸 전체 습지의 수는 2,499곳에 달합니다. '습지가 어니에 얼마나 있다'도 물론 중요합니다. 하지만 지금은 이보다 한 걸음 더 나아가야 할 때입니다. 각각의 습지가 어떤 가치를 지녔는지 알아내기엔 우리는 아직 인적·물적 자원 투입을 제대로 하지 못했습니다.

국가 차원에선 온실가스 배출량 자체를 줄이는 것도 중요하지만, 당장 1t이라도 더 흡수하고, 대기에서 격리할 수 있는 방법을 찾는 것 역시 중요합니다. 자연 기반 해법을 강조하려면, 그 자연의 가치를 제대로 파악하는 일이 우선되어야 하는 이유입니다. 이렇게 습지의 가치를 제대로 알고 인정하게 된다면, 습지를 보호하는 일은 더욱 수월해질 수 있습니다. 그 가치만큼 '보호 노력'의 가치 또한 인정받을 수 있기 때문입니다.

"우선 습지의 현황을 정확히 파악해야 합니다. 그 후 보호되어야 하는 습지는 보호지역으로 선정을 해야 하죠. 그렇지 않으면 습지는 쉽게 개발될 수 있기 때문에 이를 보호지역으로 지정하는 것이 제일 시급하다고 할 수 있습니다. 그리고 습지가 이처럼 쉽게 개발되어서는 안 될 가치 있는 생태계라는, 가치가 높은 지역이라는 데 대한 인식 제고도 대단히 중요합니다. 또 습지가 흡수원으로 인정받기 위해서는 습지에 대한 상쇄 배출권이 인정될 수 있는 제도가 필요합니다."

– 명수정(한국환경연구원 선임연구위원, IPCC AR6 워킹그룹 II 저자)

여기서 우리가 다시 곰곰이 생각해 봐야 할 부분이 있습니다. 우리가 이야기하는 '자연 보호'와 '생물다양성 증진'에서 인간이 빠질 수 있는가. 우리는 그 생태계 밖에 있는 존재인가 하는 부분입니다. 자연 보호는 곧 인류의 보호이고, 생물다양성 증진 또한 우리의 지속가능성을 높이는 일입니다. 우리가 손해 보고, 양보하는 일이 아니라, 나 자신을 위한 일이라는 인식의 전환이 필요합니다. 이는 자연 기반 해법에 바탕을 둔 정책의 성공 여부를 결정짓는 요소일 수밖에 없습니다. 정책에 대한 시민사회의 공감과 참여 없이는 성공을 담보할 수 없기 때문입니다.

2장

기후변화 대응의 처음과 끝, 에너지

팩트체크 1

솔직히
온실가스보다는
미세먼지가 더
걱정인데요?

우리나라의 초미세먼지 농도 추이를 보면 상황은 분명 개선되고 있습니다. 전국 단위의 초미세먼지 관측을 시작한 2015년 이래로 기준치(35µg/㎥)를 넘지 않는 날의 일수는 계속 늘어가고 있죠. '단골 고농도 지역'인 서쪽 지역 주요 광역 시도의 농도를 살펴봐도 이런 추세는 확연히 드러납니다. 그런데도 언제나 고농도 초미세먼지에 대한 우려는 여전한데요, 이제라도 '왜 고농도 상황

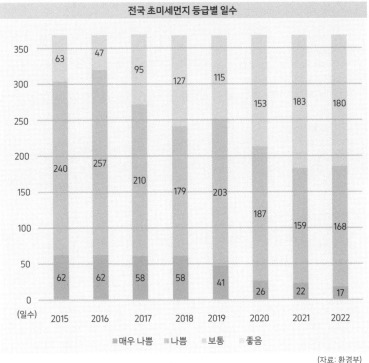

전국 초미세먼지 등급별 일수

(자료: 환경부)

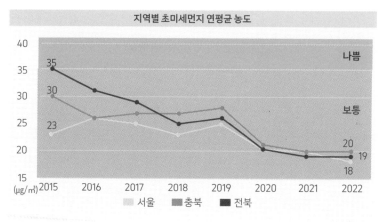

지역별 초미세먼지 연평균 농도

(자료: 기상청)

이 만들어지는지' 정확히 알아야 하지 않을까요.

초미세먼지˙의 고농도를 부르는 요인을 보면 그 질문에 대한 답을 찾을 수 있습니다. 미세먼지는 말 그대로 대기 중에 떠다니는 입자상 오염물질을 의미합니다. 그 입자의 크기에 따라 10μm(마이크로미터) 이하인 PM10을 미세먼지로 2.5μm 이하인 PM2.5를 초미세먼지로 구분합니다.

고농도 상황이 만들어지려면, 크게 4가지 요인이 복합적으로

• 해외에서는 지름이 10μm 이하(PM10)이면 부유먼지(suspended particles)라 하며 지름이 2.5μm 이하(PM2.5)인 먼지, 지름이 1μm 이하(PM1)인 먼지로 세분화하나, 한국에서는 부유먼지를 미세먼지(PM10)로, 미세먼지를 초미세먼지(PM2.5)로 부르며, PM1 역시 초미세먼지로 분류합니다.

맞아떨어져야 합니다. 일단 먼지 그 자체가 많아야겠죠. 그런데 단순히 입자상 대기 오염물질만 많다고 해서 고농도 현상이 무조건 발생하는 것은 아닙니다. 북서 계절풍을 타고 해외에서 넘어오는 입자상 대기오염물질이 더해지거나, 낮은 대기혼합고로 대기 중 오염물질이 떠다닐 공간이 좁아지거나, 좀처럼 비가 내리지 않아 대기 중 먼지를 씻어내지 못하거나, 약한 바람에 대기 정체가 빚어져야 할 수도 있습니다. 우리가 고농도 상황에서 '특정 국가'를 탓하는 것은 위의 요인 중 단 하나만 들어서 '고농도 상황이 만들어졌다'라고 주장하는 셈이죠.

위의 4가지 요인 중 대중에 익숙하지 않은 표현이 하나 있습니다. 대기혼합고입니다. 대기혼합고란 대기 중 공기가 순환할 수 있는 높이를 의미합니다. 대기혼합고가 높으면 초미세먼지가 떠다닐 수 있는 공간이 넓다는 뜻이고, 반대로 낮아진다면 그 공간이 좁아진다는 뜻입니다. 대기혼합고의 높이는 기온에 따라 달라지는데, 더울 땐 높고 추울 땐 낮아집니다. 미세먼지 계절관리제*가 시행되는 12~3월은 어떨까요. 이 기간 대기혼합고의 높이는 낮아집니다.

* 미세먼지 계절관리제는 미세먼지 고농도 시기인 12월부터 이듬해 3월까지 평상시보다 강화된 미세먼지 저감 및 관리 정책을 시행하는 것을 말합니다. 12~3월 초미세먼지 평균 농도($29\mu g/m^3$)는 그 외 기간(4~11월) 평균 농도($20\mu g/m^3$) 대비 약 45%가 높습니다.

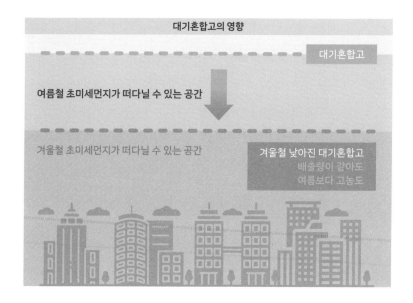

미세먼지 농도는 일정한 공간에 얼마나 많은 먼지가 존재하느냐를 나타낸 겁니다. 결국 사시사철 같은 양의 입자상 대기오염물질을 뿜어낸다고 했을 때, 농도는 여름보다 겨울에 더 높아지게 됩니다. 대기혼합고가 낮아지기 때문입니다.

겨울철에는 대기혼합고가 낮아지는 것 말고도 다른 요인도 마찬가지입니다. 겨울철에는 난방을 위한 연료 사용량이 늘며 입자상 오염물질의 배출량 자체가 늘어납니다. 북서계절풍*에도 영향

• 북서계절풍은 단어적 의미로는 계절풍 중 북서쪽에서 불어오는 바람을 통칭하지만, 우리나라에서는 겨울철 시베리아기단에서 불어오는 차갑고 건조하고 강한 바람을 가리킵니다.

기후 블랙홀

을 받습니다. 강수와 풍속 역시 직접적인 기상 요인이고요. 이렇게 기후변화와 고농도 미세먼지의 '연결 고리'가 만들어집니다.

기후변화로 우리나라의 기온이 오른다는 사실은 이제 누구나 알고 있습니다. 그런데 1973년 이래 우리나라 겨울 날씨의 변화를 살펴보면 단순히 '온난화'만 우려되는 것이 아닙니다. 겨울 기온은 지속적 상승세, 겨울 강수는 지속적 감소세를 보입니다. 입자상 대기오염물질을 예년과 같은 양을 뿜어낸다고 했을 때, 갈수록 강수로 인한 세정효과를 기대하기는 점점 어려워지는 것이죠. 비가 적게 온다는 것은 일조시간이 늘어난다는 것을 의미하기도 합니다.

일조시간의 증가는 초미세먼지의 증가로 이어지기도 합니다. 화석연료를 연소할 때 나오는 질소산화물이나 각종 휘발성 유기화합물 등의 대기오염물질은 대기 속을 떠다니다 햇빛을 만나면 화학반응을 일으킵니다. 각종 필터를 통해 자동차 배기구에서 나오는 입자상 대기오염물질을 99.9% 잡아낸다고 하더라도, 배기구에서 나온 질소산화물이 결국 햇빛과 만나 초미세먼지가 됩니다.

기후변화로 한반도의 바람도 달라지고 있습니다. 1973년 이래 겨울철 평균 풍속은 감소세를 이어오고 있습니다. 1973년 평균 2.37m/s였던 풍속은 2021년 1.9m/s로 역대 최저를 기록했습니다. 기상청은 2022년 "우리나라의 45개 지점 계절별 평균 풍속을 살펴보면, 여름철은 풍속이 강해지지만 그 밖의 계절은 풍속이 약해지고 있다."라며 "특히 겨울철 풍속의 하강 폭이 가장 크다."라고 분석했습니다.

같은 겨울날이라 해도 풍속에 따라 대기 정체로 초미세먼지 농도는 들쑥날쑥해지곤 합니다. 최근의 고농도 상황 대부분은 대기정체*가 주원인이죠. 심지어 설령 국외 유입이 있다고 해도 풍속이 강한 날엔 대기순환이 원활해 고농도 상태가 오래 지속되지 않습니다. 그 정도로 바람은 매우 중요한 요소입니다. 기후변화로 이처럼 겨울철 풍속이 약해지면 평소보다 입자상 대기오염물질을 덜 뿜었음에도 농도는 치솟는 결과를 부를 수도 있습니다.

결국 미세먼지 해결과 기후변화 해결은 서로 떼려야 뗄 수 없는 관계입니다. 굳이 관계도를 그리자면 미세먼지와 기후변화가 교집합이라기보다, 기후변화 속에 미세먼지가 들어있다고 보는 것이 더 타당할 정도입니다. 입자상 대기오염물질이 발생하는 주요 원인은 우리의 '태우는 행동'에 있습니다. 그러한 연소는 곧 온실가스의 배출을 의미하기도 하죠. 미세먼지 배출량과 온실가스 배

• 대기정체는 공기를 이동 및 확산시키는 바람이 미약한 상태를 말합니다. '대기정체지수'도 있는데 대기가 정체될 수 있는 가능성을 지수로 나타낸 것으로, 오염물질이 대기 상태에 의해 변화 또는 소산될 수 있는 가능성을 나타낸 생활기상지수를 뜻합니다. 기상청은 특정 지역의 기상조건에 따라 대기 상태가 정체될 가능성을 나타내기 위해 대기정체지수를 산출하여 예보하고 있습니다.

출량 통계를 살펴봤을 때, 상위권이 동일한 이유입니다. 제철·제강업과 석탄화력발전소는 '미세먼지 배출 1등'이자 '온실가스 배출 1등'인 곳들입니다.

'온실가스를 줄이자'라는 취지에서 하는 행동 대부분은 초미세먼지 농도를 낮추는 일이기도 합니다. 그럼에도 우리는 온실가스와 미세먼지를 분리해서 생각하곤 합니다. 단순히 분리를 넘어 미세먼지에는 온 사회가 즉각적인 대응으로 분주하지만, 온실가스에는 무관심한 경우가 많습니다. 미세먼지 농도가 높은 날 학부모의 관심사는 온통 학교에 쏠립니다. 학교에서 환기는 제대로 하는지, 야외 체육활동은 잘 제한하는지 살펴보죠. '산업 부문의 온실가스 배출을 줄이자'라는 목소리엔 기업들의 반발이 너무도

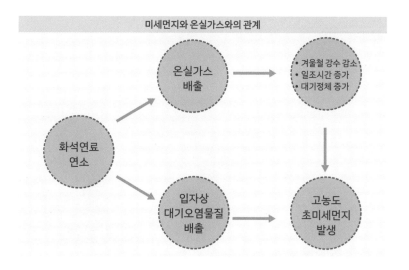

거세지만, 석탄화력발전소의 가동 및 출력 제한, 사업장의 조업 시간 조정, 일부 자동차의 운행 제한 및 과태료 부과 등의 고강도 조치엔 모두가 적극 동참합니다. 얼핏 주객이 전도된 듯한 씁쓸한 모습입니다.

미세먼지와 초미세먼지가 대기 중에 머무는 시간은 짧게는 수시간, 길어야 수 주에 불과합니다. 반면 온실가스의 경우 한번 뿜어져 나오면 세대를 넘길 만큼 오래 머뭅니다. 과연, 무엇이 우리에게 더 큰 피해를 안기는 걸까요. 어느 쪽을 줄이는 세 더 시급할까요.

2019년 3월 서울의 일평균 초미세먼지 농도가 $135\mu g/m^3$까지 치솟으며 역대 최악의 대기질이 기록됐을 때, 정부는 말 그대로 '온갖' 대책을 쏟아냈습니다. 광장이나 건물 옥상에다 집진장치를 설치하는 방안까지 고려하겠다고 할 정도였습니다. 디젤 트럭인

소방차마저 공회전을 막겠다고 해 시민들이 소방대원들의 훈련 시간 감소를 걱정할 지경이었죠. 그런 절박함과 위기의식이 진짜 필요한 곳은 미세먼지가 아닌 온실가스입니다. 온실가스 감축에 대한 고려 없는 미세먼지 대책은 마치 고칼로리의 햄버거를 먹으면서 탄산음료만 '제로 음료'를 마시며 '아, 나는 다이어트 잘하고 있다'라고 생각하는 것과 다를 바 없습니다.

기후변화
대응을 이야기할 때,
왜 항상 에너지가
이야기되나요?

오늘날 기후변화 대응은 곧 에너지전환으로 이야기되곤 합니다. 사실 기후변화 대응은 두 가지 축으로 이뤄집니다. 완화(Mitigation)와 적응(Adaptation)입니다. 완화는 감축이라고 불리기도 합니다. 기후변화를 완화하는 일은 온실가스 감축이기 때문입니다. 적응은 말 그대로, 이렇게 달라지는 기후변화에 우리가 덜 영향을 받도록 노력하는 행동을 일컫고요.

기후변화를 일으킨 원인은 앞서도 여러 번 말했듯이 인류가 산업혁명을 기점으로 뿜어댄 온실가스입니다. 그 온실가스는 어디에서 비롯됐을까요. IPCC는 워킹그룹 III의 6차 평가보고서에서 1990년부터 온실가스의 종류별 배출량을 공개했습니다.

1990년 전체 온실가스 배출의 59%가 화석연료와 산업 부문에서 배출된 이산화탄소였습니다. 이산화탄소 배출이 전체 온실가스에서 차지하는 비중은 점차 늘어나 2019년엔 무려 64%를 기록했죠. 이 통계에선 전체 온실가스의 증가세에서도 특이점이 발견됐는데, 특히 2000년대의 증가 속도는 남달랐습니다. 1990년대 연평균 0.7% 증가한 것과 달리 2000년대엔 연평균 2.1%씩 늘어난 것입니다.

IPCC 보고서에는 산업 부문의 감축을 위한 옵션을 평가한 결과도 나와있습니다. 산업 부문 온실가스 감축의 관건은 바로 에너지에 있습니다. 가장 많이 감축할 수 있는 방법은 연료의 전환,

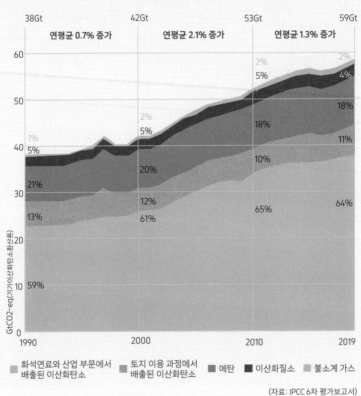

1990-2019년 전 세계 인간 활동에 따른 순 온실가스 배출량

38Gt   42Gt   53Gt   59Gt

연평균 0.7% 증가   연평균 2.1% 증가   연평균 1.3% 증가

2%   2%
5%   4%

2%   18%
5%

1%   18%   11%
5%   20%   10%

21%   12%   65%   64%
13%   61%

59%

GtCO2-eq(기가이산화탄소환산톤)

1990   2000   2010   2019

■ 화석연료와 산업 부문에서 배출된 이산화탄소 ■ 토지 이용 과정에서 배출된 이산화탄소 ■ 메탄 ■ 이산화질소 ■ 불소계 가스

(자료: IPCC 6차 평가보고서)

에너지전환입니다. 화석연료를 쓰던 공정을 전기나 수소 등으로 바꾸는 일, 기왕이면 석탄으로 만든 전기를 쓰기보다 천연가스로 만드는 일까지 현시점에서 적용 가능한 모든 선택지가 다 포함됐습니다. 이를 통해 줄일 수 있는 양은 연간 2Gt가량으로 추산됐습니다.

두 번째로 감축 효과가 큰 것은 에너지 효율을 높이는 일입니다. 단순히 에너지원을 바꾸는 것 외에도 똑같은 일을 할 때 필요한 에너지 자체를 줄이는 것, 어찌 보면 가장 근본적인 해결책 중 하나죠. 우리가 체중 감량을 하려고 할 때 식단을 지방 위주에서 단백질과 섬유질 중심으로 바꾸는 것이 '연료 전환'에 해당한다면, 근력을 키워서 몸의 기초 대사량을 높이는 일은 '에너지 효율'에 빗댈 수 있겠습니다.

점차 주목도가 높아지고 있는 CCUS는 기대보다 감축량이 크지 않은 것으로 나타났습니다. 보고서에 언급된 주요 감축 옵션들 가운데 감축량은 가장 적으면서도 비용은 가장 비쌌죠. 사실상 가성비가 가장 떨어지는, 사업성이 가장 떨어지는 옵션이라는 겁니다.

화석연료, 즉 에너지 부문에서 비롯된 온실가스 배출은 에너지를 바꾸지 않고서는 기후 위기에 대응할 수 없는 셈입니다. 기후변화 이야기에서 항상 에너지전환이 빠지지 않고 맨 앞에 등장하는 이유입니다.

그중에서도 발전 부문은 가장 많은 감축 효과를 기대할 수 있는 것으로 나타났습니다. 발전 부문의 전환은 산업과 수송, 건물 등 다른 부문에도 영향을 미치기도 합니다. 공장에서 물건을 만드는 데 사용하는 전기를 청정 전력으로 바꾸고, 자동차나 농축산업에 투입되는 장비 또한 경유나 휘발유가 아닌 전동 모터로 움직이게 만드는 등의 전기화 노력은 에너지전환의 핵심입니다.

발전 부문 주요 감축 방법으로는 우리가 익히 알고 있는 풍력과 태양광 외에도 바이오에너지, 수력, 지열, 원자력, 탄소포집저장(CCS)이 적용된 바이오 전력, 메탄 배출량을 줄인 석탄, 메탄 배출량을 줄인 석유와 가스 등 광범위한 내용이 담겼습니다.

195개국 가운데엔 선진국, 개발도상국, 경제·산업 발전이 더딘 국가 등 여러 나라가 있습니다. 국가마다 선호하는 혹은 적용할 수 있는 옵션에도 차이가 있고요. 다양한 나라에 현실적으로 적용할 수 있는, 적어도 지금보다는 온실가스 배출량을 줄일 수 있는 옵션들이 총망라됐습니다.

195개국이 만장일치로 동의한 발전 부문의 감축 옵션별 감축 가능량은 과연 어땠을까요. 재생에너지, 그중에서도 풍력과 태양광 발전의 가성비를 쫓아올 다른 옵션은 존재하지 않았습니다. 각각 연간 4Gt 안팎의 감축량을 자랑하면서도 비용 역시 매우 저

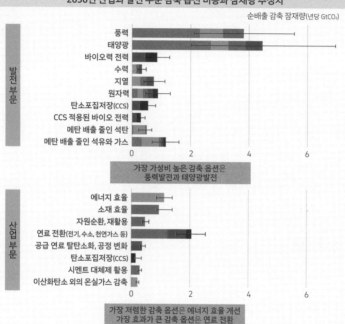

2030년 산업과 발전 부문 감축 옵션 비용과 잠재량 추정치

순배출 감축 잠재량(년당 GtCO₂)

발전 부문
- 풍력
- 태양광
- 바이오력 전력
- 수력
- 지열
- 원자력
- 탄소포집저장(CCS)
- CCS 적용된 바이오 전력
- 메탄 배출 줄인 석탄
- 메탄 배출 줄인 석유와 가스

가장 가성비 높은 감축 옵션은
풍력발전과 태양광발전

산업 부문
- 에너지 효율
- 소재 효율
- 자원순환, 재활용
- 연료 전환(전기, 수소, 천연가스 등)
- 공급 연료 탈탄소화, 공정 변화
- 탄소포집저장(CCS)
- 시멘트 대체제 활용
- 이산화탄소 외의 온실가스 감축

가장 저렴한 감축 옵션은 에너지 효율 개선
가장 효과가 큰 감축 옵션은 연료 전환

온실가스 배출을 줄이는 데 따른 순 생애주기 비용
- 현존 감축 기술 대비 비용 저렴
- 0-20 20-50 50-100 100-200
- 비용 책정이 어려움 ├──┤ 불확실성에 따른 감축 기여도의 변동 구간
($/GtCO₂)

(자료: IPCC 6차 평가보고서)

렸습니다. 발전 부문을 떠나 다른 모든 부문을 살펴봐도 이렇게나 비용이 낮은 옵션은 없었습니다.

반면, '기술을 통한 기후위기 극복'이라고 부를 수 있는 원자력과 CCS(Carbon Capture and Storage, 포집한 CO_2를 지하 깊은 곳에 저장하는 기술)는, 기대보다 감축량이 많지 않았습니다. 이 둘을 합쳐도 감축량은 2Gt이 채 되지 않았습니다.

원자력은 '메탄 배출량을 줄인 석유와 가스'를 사용하는 것보다 감축량이 적었습니다. '감축 옵션 항목에 포함됐다'라는 것 외엔 크게 내세울 것이 없을 정도죠. 원자력과 CCS가 발전 부문의 온실가스 감축에 '메인 스트림'이 될 수 없는 이유입니다.

만약 국내 시민사회에서 이 같은 자료가 발표됐다면, 일각에선 '탈핵 진영의 선동'이라고 비난했을지도 모릅니다. 하지만 IPCC의 회원국엔 원전을 두고 논란이 한창인 우리나라뿐 아니라 '원전에 진심'인 프랑스(2022년 기준 원자력 발전비중 62%, IEA)도 있습니다. 또한 극단적인 수치는 모두 배제됐습니다. 그럼 이러한 결과가 나온 이유는 무엇이었을까요?

우선 말 그대로의 '가성비'를 꼽을 수 있습니다. '재생에너지 균등화 비용과 누적 보급량' 그래프는 전 세계적으로 재생에너지의 발전단가(생산된 전력의 MWh당 설치, 자본, 운영 및 유지 관리 비용 포함)가 20년간 어떻게 변해왔는지, 이와 더불어 보급량은 얼마나 늘어왔는지를 보여줍니다.

　태양광과 육상풍력의 경우 이미 발전단가가 화석연료보다 저렴해졌습니다. '아직은 비싸다'라는 평을 듣던 해상풍력은 화석연료 가격의 중윗값에 해당할 만큼 비용이 낮아졌죠. '상용화는 아직인 것 아니냐'라고들 생각하는 집광형 태양열조차 5차 보고서가 작성된 2010년 이후 약 10년 후인 2019년에는 화석연료 수준으로 비용이 반 이상 줄었습니다. 화석연료에서 전기로의 에너지 전환을 보여주는 대표 사례인 전기차 배터리팩은 최근 10년 새

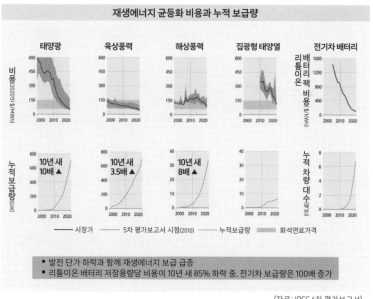

재생에너지 균등화 비용과 누적 보급량

(자료: IPCC 6차 평가보고서)

가격이 85% 떨어졌습니다. 그 결과 보급량은 급증했습니다. 태양광발전은 10년 새 10배, 육상풍력은 3.5배, 해상풍력은 8배, 전기차 보급량은 100배 늘었습니다. 말 그대로 '기하급수적'입니다.

재생에너지가 높은 평가를 받은 이유는 또 있습니다. 바로 지속가능성입니다. 국내에선 유독 지속가능성이나 ESG[*] 등을 이야기할 때 '뜬구름 잡는 소리'라는 인식이 큰 편입니다. 제대로 된 기준이나 지표 없이, 너도나도 '형용사'처럼 이 용어를 쓰기 때문일 겁니다. 하지만 분명한 것은, '진짜 ESG'와 '진짜 지속가능성'엔 분명한 평가 기준이 있습니다.

유엔(UN)은 17개 지속가능발전목표(SDGs)를 만들었습니다. 지구상에 존재하는 모두가 더불어 공생하기 위해 달성해야 하는 목표를 종류별로 나눈 것이죠. 이번 IPCC 워킹그룹 III의 6차 평가 보고서엔 각각의 감축 옵션이 이러한 17개 목표에 미치는 영향에도 주목했습니다. 발전 부문의 주요 감축 옵션 중에는 SDGs 달성에 기여하는 옵션과 목표 달성에 부정적인 영향을 미치는 옵션도 들어가 있습니다.

풍력, 태양광, 바이오전력, 수력, 지열, 원자력, 탄소포집저장의 7개 옵션 가운데 SDGs에 미치는 긍정 영향이 가장 많은 옵션

---

* ESG는 Environment(환경), Social(사회), Governance(지배구조)의 머리글자를 딴 단어로 기업 활동에 친환경, 사회적 책임 경영, 지배구조 개선 등 투명 경영을 고려해야 지속가능한 발전을 할 수 있다는 철학을 담고 있습니다.

은 무엇이었을까요. 이번에도 풍력과 태양광이 선두를 달렸습니다. 반면 원자력의 경우 양질의 일자리와 경제성장(SDG 8), 산업·혁신·인프라(SDG 9) 단 두 가지를 제외하곤 100% 긍정 영향을 미치는 것이 없었습니다. 깨끗한 물과 위생(SDG 6)에 있어서도 CCS와 함께 7개 옵션 가운데 유일하게 부정적인 영향을 미치는 옵션으로 평가되었습니다. 양적 평가와 질적 평가 모두에서 발전 부문의 7개 주요 감축 옵션 중 하위권에 머문 셈입니다.

에너별 감축 옵션과 SDGs 간의 상호작용

발전 부문 감축 옵션 / 지속가능발전목표(SDGs)와의 관계

발전 부문 감축 옵션	1	2	3	4	5	6	7	8	9	10	11	12	13	14	15	16	17
풍력 (긍정 영향 가장 많아)	+	■	+			+	■	■			+	■		■	■		
태양광	+	■	+			■	■	■	■		■	■			■		
바이오 에너지	■	■	+			■	■	■	■		+	■		■	■		
수력			■	+		+	■								■	■	
지열	+		■			■	+	■			+						
원자력 (일부 부정 영향 있어)			■			−	■	+	■		■			■	■		
탄소포집저장(CCS)		+				−	■	+	■			■					

영향 관계 + 긍정(+) ■ 부정(−) ■ 긍·부정 모두 상존
신뢰도 ■ 높음 ■ 보통 ■ 낮음

관련 지속가능발전목표

■ 1 빈곤 종식	■ 8 양질의 일자리와 경제성장	■ 15 육상 생물
■ 2 기아 종결	■ 9 산업, 혁신, 인프라	■ 16 평화, 정의, 강력한 제도
■ 3 건강과 균형잡힌 삶	■ 10 불평등 감소	■ 17 목표 달성을 위한 협력
■ 4 양질의 교육	■ 11 지속가능한 도시와 사회	
■ 5 성평등	■ 12 책임있는 소비와 생산	
■ 6 깨끗한 물과 위생	■ 13 기후 행동	
■ 7 저렴하고 깨끗한 에너지	■ 14 수중 생물	

(자료: IPCC 6차 평가보고서)

에너지전환이
무엇인가요?

한때 우리나라에선 에너지전환이 이데올로기적 표현으로 여겨지던 시절이 있었습니다. 특정 정당 혹은 정권의 어젠다라는 이유에서였죠. 지난 2022년 "이념과 구호가 아니라 과학에 기반을 둔 합리적 환경 규제를 마련하라."라는 윤석열 대통령 지시가 대표적입니다. 산업통상자원부의 에너지전환정책과는 에너지정책과로, 에너지전환정책관은 에너지정책관으로 개편됐고요. 하지만 에너지전환(Energy Transition)은 국제사회의 핵심 의제입니다. 유엔뿐 아니라 S&P와 같은 글로벌 신용평가기관 역시 이를 매우 중요하게 다루고 있습니다. 다음은 국제기구와 기관이 설명한 에너지전환의 정의입니다.

"기후변화에 대한 대응이 필요하다는 것은 에너지전환의 주요 동인이다. 이는 기존 화석연료 중심에서 탈피해 재생에너지 중심으로의 전환을 의미한다."

−유엔환경계획(UNEP)

"에너지전환은 석유, 천연가스, 석탄 등 화석연료 기반의 에너지 생산·소비 시스템에서 풍력과 태양광, 리튬이온 배터리 등 재생 가능한 에너지원으로 글로벌 에너지 부문이 전환하는 것을 의미한다."

−S&P 글로벌

"에너지전환은 글로벌 에너지 부문이 금세기 후반까지 화석연료 기반에서 탄소 제로 기반으로 전환하는 과정을 의미한다. 그 핵심은 기후변화를 막기 위해 에너지와 관련한 이산화탄소 배출을 줄이는 데 있다. 이러한 에너지 부문의 탈탄소화를 위해선 국제사회 차원의 즉각적인 행동이 필요하다."

- 국제재생에너지기구(IRENA)

이들의 에너지전환 정의 그 어디에도 정치적 해석은 존재하지 않습니다. 에너지전환은 기후변화 대응이라는 환경문제를 넘어 글로벌 경제 트렌드로 자리 잡았습니다. 또한 국제사회에서 사용하는 에너지전환이라는 용어는 재생에너지를 중심으로 한다는 것이지, 원전을 완전히 배제한다는 것을 의미하지도 않습니다.

또한 재생에너지 확산 등 에너지전환 전반은 성장과 시장주의 개념에 기반해 이뤄지고 있습니다. 신기술 개발과 그 기술의 상용화를 통해 우리의 지속가능성을 높이는 것이 에너지전환의 핵심이기 때문입니다.

이런 오해는 우리나라 국가 R&D 예산 편성에도 영향을 미쳤습니다. 2022년 발표된 〈2030년 국가 R&D 사업 예산 배분·조정안〉에서 ① 반도체·디스플레이 ② 2차전지 ③ 차세대 원전 ④ 수소 ⑤ 5G·6G는 초격차 국가전략기술로 분류됐습니다.

한국이 글로벌 기술 우위를 점하고 있는 태양전지는 여기에 포함되지 못했습니다. 해외와의 기술 격차를 줄이기 위해선 기업 차원의 기술개발 투자를 넘어 국가 차원의 대대적인 지원이 필요한 풍력 터빈 역시 무관심의 영역으로 남았습니다.

또 에너지, 산업, 수송, 건물 등으로 구분되는 주요 온실가스 배출 부문 가운데 산업 부문의 감축 역할이 축소되고 있습니다. 이런 최근의 모습은 '과연 2030년까지 2018년 대비 온실가스 40%를 감축한다는 목표를 달성할 수 있을까?'라는 걱정을 키웁니다.

2050년 탄소중립은 언감생심이고요. 재생에너지 확산은 더디기만 하고, 산업 부문의 2030년까지 온실가스 감축목표는 안 그

래도 낮았던 14.5%에서 11.4%로 더더욱 낮아졌기 때문입니다.

국제에너지기구(IEA, International Energy Agency, 이하 IEA)는 2050년 탄소중립 달성을 위해 산업 부문이 어떻게 달라져야 하는지 살펴봤습니다. 선진국의 경우 2030년까지 산업 부문 배출을 2020년 대비 26% 줄여야 합니다. 2040년까지는 68%, 2050년까지는 96%를 감축해야 하고요. 이는 산업계에 큰 숙제를 안겨주고 있습니다. 석유화학과 철강, 시멘트 등 현재 산업 부문 온실가스 배출에서 가장 큰 비중을 차지하는 업종 가운데 석유화학을 제외하곤 모두 생산량을 늘려야 하기 때문입니다. 이전보다 더

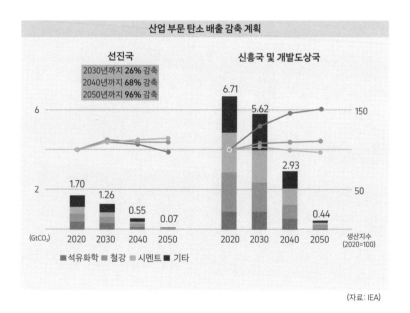

(자료: IEA)

많은 양의 제품을 만들면서도 온실가스 배출량은 대대적으로 줄여야 하니까요.

　IEA는 이들 업종이 어떻게 감축을 할 수 있는지 답을 찾아 나섰습니다. 감축 신기술을 크게 ① CCUS ② 수소 ③ 기타 총 3가지로 구분했습니다. CCUS도, 수소도 현시점에서 대규모 상용화는 쉽지 않은 만큼 2030년까지도 주된 생산방식은 현존 기술을 그대로 활용할 수밖에 없습니다. 2030년 석유화학은 전체 생산의 12.6%를, 철강은 8%, 시멘트는 9.1%를 신기술을 도입해 생산해야 한다는 것이 IEA의 진단입니다. 2050년엔 생산 제품 대부분이

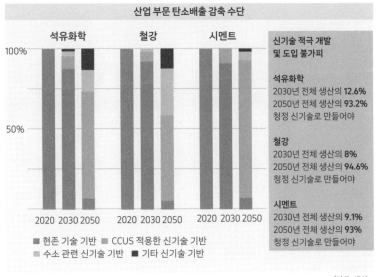

(자료: IEA)

신기술을 통해 만들어낸 것이어야 하고요.

이를 위해선 RD&D(연구, 개발 및 실증, Research, Development and Demonstration)가 필수적입니다. 아직 그 누구도 찾지 못한 해법을 찾는 일이기 때문이죠. 우리는 어떻게 대응해 왔을까요. 2021년 기준, 국가별 공공 에너지 부문 RD&D 예산 현황을 살펴봤습니다.

에너지전환이라는 키워드를 전면에 내세웠던 문재인 정부 역시 탄소중립을 선언하고 에너지전환 정책을 홍보했던 것에 비하면 '행동'은 부족한 면이 많았습니다. 여기서 '행동'이라 함은 에너지 분야의 RD&D에 얼마나 많은 돈을 투입했느냐를 의미합니다. 예산 총액 기준 우리나라는 미국과 일본, 프랑스, 독일, 영국, 캐나다를 이어 7위를 차지했습니다. '그 정도면 나쁘지 않은 것 아닌가?'라고 생각할 수 있지만, 각국의 경제 규모를 감안해 이를 국내총생산량(GDP)으로 나눠보면 상황은 달라집니다.

우리나라의 GDP당 공공 에너지 RD&D 예산 비중은 불과 0.43‰(퍼밀, 천분율)에 불과합니다. 일본은 총액 기준으로도 세계 2위였지만, GDP당 예산의 비율로 봐도 세계 4위로 상위권에 있었습니다. 총액 기준 세계 1위인 미국은 GDP에서 에너지 RD&D가 차지하는 비율로 봤을 땐 세계 중위권으로 밀려나지만 워낙 총액 자체가 다른 나라와는 비교할 수 없을 만큼 큽니다.

에너지전환은 긴 호흡으로 이뤄져야 할 국가 차원의 장기 정책

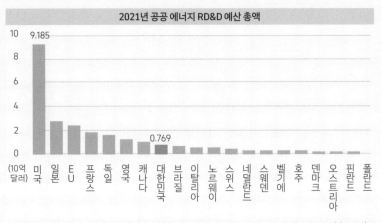

2021년 공공 에너지 RD&D 예산 총액

9.185

(10억
달러)

미국 일본 EU 프랑스 독일 영국 캐나다 대한민국 브라질 이탈리아 노르웨이 스위스 네덜란드 스웨덴 벨기에 호주 덴마크 오스트리아 핀란드 폴란드

0.769

(자료: IEA)

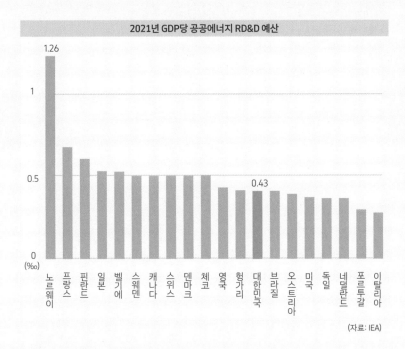

2021년 GDP당 공공에너지 RD&D 예산

1.26

(‰)

노르웨이 프랑스 핀란드 일본 벨기에 스웨덴 캐나다 스위스 덴마크 체코 영국 헝가리 대한민국 브라질 오스트리아 미국 독일 네덜란드 포르투갈 이탈리아

0.43

(자료: IEA)

입니다. 문재인 정부는 탄소중립 기본법을 만드는 과정에서 「탄소중립·녹색성장기본법」이라 명명한 바 있습니다. 이명박 정부의 '녹색성장'을 유지한 겁니다.

이전 정권이 에너지전환에 대대적으로 나섰고, 대선 국면에서 상대 당 후보가 RE100과 에너지전환을 외쳤다고 한들, 그 키워드는 특정 정당의 전유물이 아닙니다. 최근 정부가 탄소중립의 성패를 가르는 이 시점에서 '에너지전환 지우기'에 나서는 것은 과거 국제사회에서 선도적으로 '녹색싱장'에 나섰던 노무현 정부의 정책을 박근혜 정부가 '창조경제'라는 모호한 표현으로 지워낸 것과 다를 바 없습니다.

팩트체크 **4**

에너지전환,
현실성이 없는 일
아닌가요?

국제사회가 파리협정에 합의한 2015년 이후, 세계 각국은 재생에너지로의 전환에 박차를 가하기 시작했습니다. 물론 어려움이 없었던 것은 아닙니다. 미국과 중국의 계속된 갈등, 갑작스레 등장한 코로나19 팬데믹에 이어 2022년엔 러시아가 우크라이나를 침공하는 등 글로벌 에너지전환에 있어 배드 뉴스가 잇따랐죠.

이런 부정적인 계기가 나올 때마다 국내에선 '석탄으로 회귀한 유럽', '해외도 재생에너지 확대 주춤', '재생에너지 대신 원전으로 유턴한 신진국' 등의 뉴스가 쏟아졌습니다. 현실은 어땠을까요.

경제협력개발기구(OECD) 회원국 전체로 보더라도, IEA 회원국 전체로 보더라도 재생에너지는 '제1발전원'으로서의 지위를 공고히 하고 있습니다. 우리나라는 OECD 회원국이자 IEA 회원국이기도 합니다만, 공교롭게도 OECD의 발전 비중 순서와 정반대의 모습을 보이고 있죠.

'발전원별 OECD 국가와 한국 발전량 비교' 그래프에서 볼 수 있듯 재생에너지(33%), LNG(30.6%), 석탄 (17.9%), 원전(15.8%) 순서인 OECD와 달리 우리의 10월은 원전(31.6%), 석탄(30.1%), LNG(25.7%), 재생에너지(10.7%) 순으로 전기를 만들어냈습니다. 재생에너지는 글로벌 대세 발전원이 됐음에도 여전히 '재생에너지는 꿈같은 소리'라는 비아냥의 대상으로 남아있습니다.

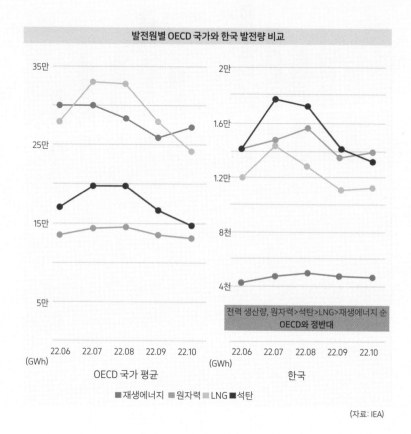

발전원별 OECD 국가와 한국 발전량 비교

전력 생산량, 원자력>석탄>LNG>재생에너지 순
OECD와 정반대

OECD 국가 평균

한국

(GWh)

■재생에너지 ■원자력 ■LNG ■석탄

(자료: IEA)

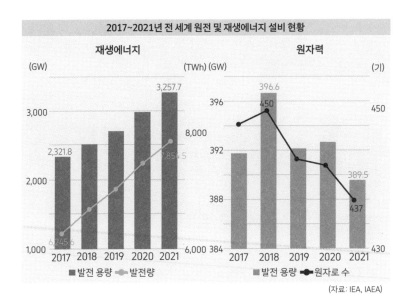

2017~2021년 전 세계 원전 및 재생에너지 설비 현황

재생에너지 / 원자력

■ 발전 용량　━●━ 발전량　　■ 발전 용량　━●━ 원자로 수

(자료: IEA, IAEA)

　　최근엔 '무탄소 전원'이라는 표현과 함께 'RE100*' 말고 CF100**'이라는 목소리도 나오기 시작했습니다. 2023년을 전후로 국내에선 세계 각국이 공감하고, 400여 글로벌 기업들이 참여 중인 RE100은 '시민단체 캠페인'이라고 폄훼되는 한편, CF100이 '글로벌 스탠더드'처럼 거론되기도 했습니다.

- 기업이 사용하는 전력 100%를 재생에너지로 충당하겠다고 약속하는 글로벌 캠페인으로, '재생에너지 전기(Renewable Electricity) 100%'를 의미합니다.
- •CF100은 기업의 사용 전력 100%를 무탄소에너지로 공급하는 것을 말합니다. 재생에너지 외 원자력 발전이 포함됩니다.

국내에선 '24/7 무탄소에너지(CFE)'(24시간, 7일 내내 무탄소 에너지로 기업의 사용 전력을 충당하겠다는 의미)가 마치 원자력발전을 통한 탄소중립을 주창하는 것처럼 이야기되지만, 이 역시 재생에너지를 포함한 모든 무탄소 발전원을 다루는 개념으로 주력 발전원은 재생에너지입니다.

대세가 무엇인가 확인하는 일은 어렵지 않습니다. 먼저 최근 5년간 발전설비가 얼마나 늘었는지를 살펴보는 것이 가장 간단한 방법입니다. 5년간 이처럼 큰 폭의 증가세를 이어온 발전원은 전 세계에서 단 하나, 재생에너지입니다. 2017년 전 세계 2,321.8GW 규모였던 발전 용량은 2021년 3,257.7GW 규모로 늘었습니다. 같은 기간 발전량은 6,245.6TWh에서 7,854.5TWh로 증가했고요.

원전은 원자로 수와 발전 용량이 하락세를 걷고 있습니다. 2018년 전 세계 450기였던 원자로는 2021년 437기로 13기 줄었습니다. 영구 정지된 원자로와 새로 가동을 시작한 원자로가 있었지만, 원전 규모는 커지지 않았습니다. 2018년 전 세계 396.6GW였던 글로벌 원전 규모는 2021년 389.5GW로 감소했습니다. 최근 5년간 가동 원자로 수도, 발전 용량 규모도 가장 컸던 2018년에도 원전의 규모는 재생에너지 발전설비 규모의 6분의 1 수준에 불과했습니다.

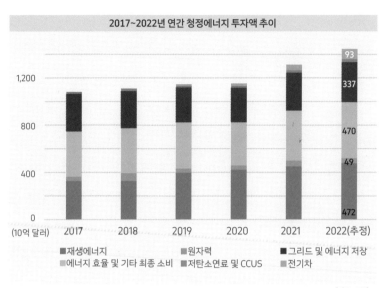

2017~2022년 연간 청정에너지 투자액 추이

(10억 달러) 2017 2018 2019 2020 2021 2022(추정)

93
337
470
49
472

■재생에너지   ■원자력   ■그리드 및 에너지 저장
■에너지 효율 및 기타 최종 소비   ■저탄소연료 및 CCUS   ■전기차

(자료: IEA)

　투자 규모를 보더라도 이러한 흐름은 뚜렷이 드러납니다. 최근 5년간 재생에너지 분야에 대한 투자는 꾸준히 늘어왔습니다. 앞서 언급한 2개의 커다란 이슈, 팬데믹과 우크라이나 사태에도 불구하고 이 분야의 투자는 매년 250억 달러 넘게 늘어왔습니다. 재생에너지, 에너지 효율 및 기타 최종 소비, 그리드* 및 에너지 저장, 전기차, 원전 등 6개 주요 투자 분야 가운데 원전의 비중은

• 그리드는 사전적인 뜻은 격자지만 전국 각지에 걸쳐 격자처럼 촘촘히 연결된 전력망을 일컫는 표현으로도 쓰입니다.

2022년 기준 3.4%에 불과했습니다. 재생에너지를 중심으로 한 에너지전환의 경우, 그 비중은 56.2%나 됐고요.

이러한 투자 규모의 차이는 안 그래도 컸던 두 발전원 간의 격차를 더욱 키웁니다. 꾸준히 대규모의 투자가 이뤄지면서 글로벌 에너지전환의 속도는 더욱 빨라지고 있고요.

유럽의 대표적인 원전 강국 프랑스도 재생에너지를 배척하지 않고 적극 확대 중입니다. 이러한 흐름을 앞장서 이끌지, 끌려다닐지, 혹은 완전히 외면하다 고립될지는 우리의 선택에 달려있습니다.

팩트체크 **5**

그럼,
에너지전환의
현실은 어떤가요?

이전까지 우리가 에너지라고 불러왔던 것이 1장에서 이야기한 지구의 탄소 순환 체계를 거친 결과물이었다면, 앞으로의 에너지는 이러한 체계를 넘어서는 새로운 패러다임입니다. '에너지전환'이라는 표현을 사용하는 이유이죠. 에너지의 이용이 곧 탄소 배출을 의미하던 시대가 저물고 '에너지전환' 시대의 도래는 부정할 수 없는 사실이 됐습니다.

인류는 점차 에너지에 대한 의존도가 높아지고 있습니다. 갑자기 에너지가 사라지면 어떤 일들이 벌어질까요. 스마트폰, 컴퓨터, 자동차, 수돗물, 냉장고, 전등…. 우리가 이용하는 거의 모든 것은 한낱 고철 또는 플라스틱 폐기물이 되고 맙니다. 일상의 마비를 넘어 문명의 마비가 벌어지는 것이죠. 에너지는 국가 경제를 넘어 개인의 일상을 뒷받침하는 기본적인 요소입니다. 기후변화와 에너지전환이 곧 안보의 문제가 되는 이유입니다. 이에 에너지의 안정적이고도 합리적인, 지속가능한 수급을 다루는 개념으로 '에너지 안보'라는 표현도 등장했습니다.

우리가 재생에너지를 외면하는 사이, 글로벌 재생에너지 시장은 성장을 거듭했습니다. 2017~2021년 태양광 관련 무역액은 무려 1,370억 달러에 달했습니다. 특히 코로나19 팬데믹으로 전 세계 경제가 휘청였던 2020~2021년에도 무역 규모는 전례가 없을 수준으로 급증했죠.

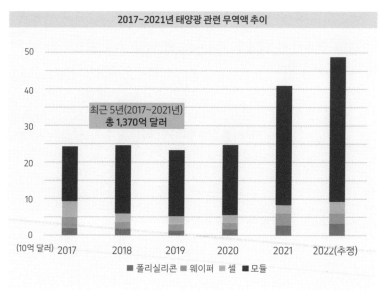

2017~2021년 태양광 관련 무역액 추이

최근 5년(2017~2021년)
총 1,370억 달러

(10억 달러) 2017   2018   2019   2020   2021   2022(추정)

■ 폴리실리콘 ■ 웨이퍼 ■ 셀 ■ 모듈

(자료: IEA)

이렇게 무역 시장에 쏟아진 돈은 어디로 흘러갔을까요. 주요
국가들의 2017년부터 2021년 동안의 태양광 관련 누적 무역수지
를 살펴봤습니다. 5년간의 무역액 절반 이상이 중국을 향했습니
다. 중국의 영향력은 '완성품의 무역'에 그치지 않습니다.

2010년 전 세계 태양광 밸류체인*은 나름의 균형을 잡은 상태
였습니다. 태양전지의 원재료라 할 수 있는 폴리실리콘은 북미,
중국, 아시아태평양 지역이 각각 20% 이상을 차지했습니다. 웨

• 밸류체인(Value Chain)은 기업이 가치를 창출하기 위한 활동들을 사슬처럼 연결해 놓은
   것을 말합니다.

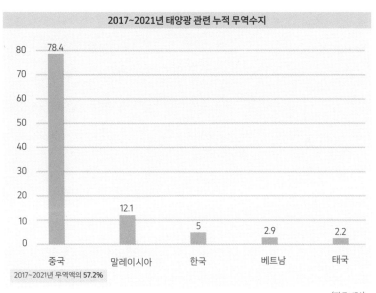

2017~2021년 태양광 관련 누적 무역수지

중국	78.4
말레이시아	12.1
한국	5
베트남	2.9
태국	2.2

2017~2021년 무역액의 **57.2%**

(자료: IEA)

이퍼는 이때에도 중국의 강세가 분명했으나, 만들어진 완성품의 대부분은 유럽을 향했습니다.

그로부터 11년이 지난 2021년, 공급망부터 판매에 이르기까지 사실상 태양광 밸류체인 전반에선 중국은 '절대적인 존재'로 자리를 잡았습니다. 폴리실리콘의 79.4%, 웨이퍼의 96.8%, 셀의 85.1%를 잠식한 나라가 됐죠.

생산에서만 중국이 영향력을 보인 건 아니었습니다. 북미와 유럽 각지에서 재생에너지 확대를 위해 안간힘을 쓴 것과 달리 2010년 글로벌 총수요의 3.5%에 불과했던 중국은 2021년 글로벌 태양광 패널 수요의 36.4%를 쥐고 있습니다. 밸류체인 전반에서 중국의 영향력이 전에 없던 수준으로 막강해진 겁니다.

태양광 시장이 성장하고 모듈 공급량이 급증하고 있지만, 우리나라 입장에선 마냥 반가운 소식이 아니었습니다. 늘어난 시장의 대부분을 중국이 가져갔을뿐더러 기존 한국 기업의 몫까지 빼앗았으니 말입니다.

풍력도 태양광과 약간의 시차만 있을 뿐 상황은 마찬가지입니다. 2021년 전 세계에서 새로 건설된 풍력발전 설비 93.6GW 가운데 절반 이상인 50.9%가 중국에 설치됐습니다. 전 세계 육상 풍력 터빈 설치의 42.3%, 해상풍력 터빈 설치의 80%가 중국에서 비롯된 덕분이었습니다.

애초 글로벌 풍력 시장은 덴마크의 베스타스, 스페인의 지멘스 가메사, 미국의 GE, 이렇게 빅 3가 시장의 대부분을 오랜 기간 장악해 왔습니다. 그러나 최근 중국 기업이 이 틀을 깨버렸습니다.

자국 내 설치 실적과 정부의 전폭적인 R&D 지원에 힘입어 중국 풍력 터빈 제조사의 실력은 일취월장했습니다. 그 결과 2021년 기준 전 세계 풍력 터빈 글로벌 공급 Top 10 기업 가운데 6개 기업은 중국의 차지가 됐습니다.

　이런 중국의 무서운 확산세에 더불어 러시아의 우크라이나 침공으로 인하여 유럽의 에너지 안보는 심각한 위기에 직면했습니다. 유럽을 향하던 러시아의 에너지원 공급에 차질이 빚어진 겁니다. 특히 러시아의 에너지 수출 통제로 심각한 피해를 볼 처지에

태양광 패널 밸류체인에 따른 국가별 점유율(%)										
	폴리실리콘		웨이퍼		셀		모듈		총 수요	
2010년	북미	28.7	중국	78.3	중국	57.9	중국	55.7	유럽	80.4
	중국	28.6	아태	18.3	아태	28.4	아태	18.7	아태	8.6
	아태	21.5	유럽	3.2	유럽	7.3	유럽	12.8	북미	6.2
	유럽	19.4	북미	0.3	북미	4.6	북미	7.6	중국	3.5
	기타	1.8			인도	1.8	인도	3.6	기타	1.1
							기타	1.6		
2021년	중국	79.4	중국	96.8	중국	85.1	중국	74.7	중국	36.4
	유럽	8.0	아태	2.5	아태	12.4	아태	15.4	북미	17.6
	아태	6.0	유럽	0.5	인도	1.1	유럽	2.8	유럽	16.8
	북미	5.6	기타	0.2	유럽	0.6	인도	2.8	아태	13.2
	인도	0.2			북미	0.6	북미	2.4	인도	6.9
					기타	0.2	기타	1.9	기타	9.1

(자료: IEA)

놓인 독일은 이에 조속한 '재생에너지 발전 비중 100% 달성'을 목표로 움직이고 있습니다. 국가 차원의 선언이나 정부의 계획 정도의 수준이 아닙니다. 2030년 재생에너지 비중 80%, 2035년 재생에너지 비중 100%' 내용이 담긴 법안 패키지를 발표했습니다.

이런 가운데 개별 국가를 넘어 지역 공동체 차원에서도 비슷한 움직임이 포착됐습니다. EU의 에너지 안보 계획 'REPowerEU'입니다. 유럽위원회는 2022년 5월에는 러시아산 화석연료에 대한 의존을 끝내겠다며 여러 목표를 제시했습니다. LNG 공급원의 다변화라는 지극히 즉각적이고도 1차원적인 대책부터 글로벌 녹

REPowerEU 주요 내용
러시아산 화석연료에 대한 의존 종식
태양광 발전용량 2배 증가(2025년까지)
재생에너지 발전비중 목표, 40%에서 45%로 상향(2030년까지)
재생가능 수소 1,000만t 생산, 1,000만t 수입(2030년까지)
태양광 발전용량 600GW 달성(2030년까지)
수소 프로젝트에 2억 유로 추가 투입
에너지 효율 개선 목표 9%에서 13%로 상향
행동 변화를 통한 석유 및 가스 수요 5% 저감
에너지 절약에 대한 세제 지원
심각한 공급 차질에 대한 긴급 조치
LNG 공급원 다변화
글로벌 녹색전환, 정의로운 전환 위한 EU대외에너지전략 수입

(자료: 2022년 5월 18일 발표)

색 전환과 정의로운 전환을 위한 대외에너지 전략 수립이라는 장기적인 대책까지 모두 담겼습니다.

미국도 즉각 대응에 나섰습니다. 미국은 사실 땅속에 고이 묻혀있던 석유를 세계에서 처음으로 대량으로 퍼 올려 활용한 나라입니다. 미국은 현시점에서 세계 최대 석유 생산국이기도 합니다. 그런 미국에서 2022년 8월 사상 최대 규모의 에너지 안보 및 기후변화 대응 투자가 담긴 법안이 나왔습니다.

조 바이든 미국 대통령은 2022년 8월 16일 인플레이션 감축법안(Inflation Reduction Act, 이하 IRA)에 서명했습니다. 이름에서 알 수 있듯 이는 코로나 팬데믹과 러시아의 우크라이나 침공으로 인한 심각한 경제위기를 타파하기 위한 법안입니다.

이를 위해 바이든 행정부는 세수를 확보하는 데 그치지 않고 미래를 위한 대규모 투자를 하는 것까지도 법안에 담았습니다. 그리고 이 투자에서 가장 큰 비중을 차지하는 것은 에너지 안보 및 기후변화 대응이었습니다. IRA라는 이름이 붙여졌지만 사실상 '에너지전환 투자'로 부르는 이유입니다.

IRA에 담긴 총투자 규모는 4,370억 달러입니다. 이 중 에너지 안보 및 기후변화 대응의 몫은 무려 3,690억 달러로 전체 투자액의 84.4%에 달합니다. 재생에너지 및 에너지 저장, 원전, 친환경차 등 이 분야에 해당하는 내용은 다양합니다.

이 중 '압도적 비중 1위'는 풍력, 태양광, 에너지저장 분야였습니다. 여기에만 1,280억 달러가 투입됩니다. 인플레이션을 비롯한 경기 침체를 해결하기 위한 미국 정부의 총투자액 가운데 30%가량이 재생에너지를 중심으로 한 에너지전환에 투입되는 겁니다.

처음 IRA와 관련한 소식이 국내에 전해졌을 때 가장 주목을 받았던 부분은 전기차와 관련한 내용이었습니다. 국산 전기차의 대미 수출에 대한 우려가 쏟아진 것입니다. 그러나 진짜 문제는 따로 있었습니다. IRA의 핵심은 EU의 REPowerEU와 마찬가지로 '자국 우선주의'에 있습니다.

IRA에 따른 투자 규모로 봤을 때 그리 큰 부분을 차지하지 않은 친환경차 부문과 달리, 재생에너지 부문에 투입되는 대규모의 자금은 해외 기업들의 미국행을 부르는 마중물이 됐습니다.

'글로벌 태양광 패널 시장 1위'를 차지했던 한화큐셀은 미국에 대규모 공장을 신설했습니다. 정부 차원에서 대대적인 투자를 하겠다고 나선 만큼 '현지 공장'을 짓는 일은 필수가 된 것이죠. 현대차와 기아차 등 한국 자동차 기업 역시 같은 이유로 현지에 자동차 공장을 증설했습니다. 수출 감소보다 일자리 유출이 실제 우리에겐 더 큰 문제인 셈입니다.

팬데믹·우크라 사태로 인한 경기 침체 대책 - 미국 IRA 투자 규모와 분야

EU에 이어 미국도 경기 부양책은 재생에너지

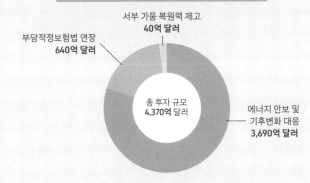

부담적정보험법 연장
640억 달러

서부 가뭄 복원력 제고
40억 달러

총 투자 규모
4,370억 달러

에너지 안보 및
기후변화 대응
3,690억 달러

IRA 기후·에너지 관련 주요 투자 분야

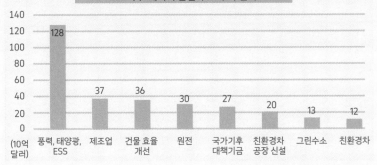

(10억
달러)

140
120
100
80
60
40
20
0

128 — 풍력, 태양광, ESS
37 — 제조업
36 — 건물 효율 개선
30 — 원전
27 — 국가기후 대책기금
20 — 친환경차 공장 신설
13 — 그린수소
12 — 친환경차

(자료: 에너지전환포럼, BNEF, 유진투자증권)

우리나라의
에너지 안보는
어떤가요?

우리나라는 대표적인 에너지 안보 취약 국가로 손꼽힙니다. 미국 상공회의소의 글로벌 에너지 연구원이 전 세계 에너지 소비 상위 75개국을 상대로 매긴 '에너지 안보 리스크 지수'에서 우리나라는 1,453점으로 가장 위험도가 높은 나라로 분류됐습니다. 점수가 높을수록 리스크가 크다는 것을 의미하는데, 우리의 점수는 미국(727점)의 2배에 달합니다.

특히 경제 규모로 봤을 때, 우리와 비슷한 수준의 나라 가운데 이렇게 하위권에 머문 나라는 찾아보기 어렵습니다. '에너지 안

에너지 안보 리스크 지수

범례
- ■ 0~25%
  (리스크 낮음)
- ■ ~50%
- ■ ~75%
- ■ ~100% (리스크 높음)
- □ 에너지 소비 상위 75개국에
  속하지 않음

한국 1,453점 하위 25% 수준
미국의 2배

(자료: 미국 상공회의소 Global Energy Institute)

보 리스크 지도'에서 점차 붉은색에 가까울수록 에너지 안보 리스크가 크다는 것을 의미하는데, 동아시아에서 빨갛게 물든 나라는 단 세 곳, 한국과 태국, 싱가포르뿐입니다.

또 다른 에너지 안보 평가에서도 한국은 최하위권을 면치 못했습니다. 세계에너지총회(World Energy Council, 이하 WEC)는 해마다 각국의 에너지 안보, 에너지 형평성, 환경적 지속가능성 등을 종합 평가해 '에너지 트릴레마 인덱스(World Energy Trilemma Index)'를 발표합니다.

2019년 우리나라의 종합 점수는 71.7점으로 세계 37위를 기록했습니다. OECD 회원국 중 31위로 최하위권이었습니다. 부문별로는 에너지 안보 69위, 에너지 형평성 16위, 환경적 지속가능성 80위에 그쳤고요. 2021년 평가에서 종합 점수는 70.1점으로 더 떨어졌습니다. 다행히 순위는 세계 32위로 다섯 계단 올랐지만, 여전히 OECD 최하위권을 면치 못했습니다. WEC는 우리나라가 최종 에너지 집약도, 저탄소 발전원, 인구당 탄소 배출량 등 모든 항목에 있어 지난 10년간 개선보다는 악화가 이어졌다고 평가했습니다.

도대체 얼마나 취약하기에 모든 평가마다 최하위권에 머물렀을까요. 2020년 기준 우리나라의 1차 에너지 수입의존도는 92.9%로 상당히 높습니다. 거의 모든 에너지를 수입에 기대는 것이죠. 이런 상황에서 리스크를 줄이는 방법은 무엇일까요. 수입 의존도를 낮추는 것이 제일 좋겠지만, 그것이 어렵다면 '달걀을 한 바구니에 담지 말라'는 격언을 따르는 것이 리스크를 줄이는 방법일 겁니다.

하지만 현실은 그렇지 못했습니다. 주요 에너지원별 수입 현황을 살펴보면, 원유의 중동 의존도는 69%에 달했습니다. 석탄화력발전소뿐 아니라 제철소 등 산업 분야에서도 쓰임이 많은 유연탄의 경우 전체 수입량의 37%를 호주 한 나라로부터 들여왔습니다. 원전의 연료, 우라늄은 어떨까요. 우리나라가 수입하는 우라늄 중 가장 많은 비중을 차지한 것은 러시아산 우라늄이었습니다. 러시아와 중국으로부터 수입하는 우라늄의 비중이 전체 34%

2020년 우리나라의 주요 에너지원 수입 현황									
원유		유연탄		우라늄		무연탄		LNG	
국가	수입량 (백만 bbl)	국가	수입량 (Gt)	국가	수입량(t)	국가	수입량 (Gt)	국가	수입량 (천t)
사우디	325.8	호주	4만4,742	러시아	168	러시아	3,210.6	카타르	9,086.6
쿠웨이트	129.7	러시아	2만3,285	영국	111	호주	2,654.9	호주	7,971.6
미국	104.4	인도네시아	2만3,102	캐나다	110	중국	213.1	미국	5,761.8
UAE	77.6	캐나다	1만1,936	중국	107	페루	87.7	말레이시아	4,917.9
이라크	77.2	콜롬비아	4,898	카자흐스탄	103	베트남	82.4	오만	3,899.5
카타르	59.7	미국	3,735	호주	100	인도네시아	37.2	인도네시아	2,699.1

(자료: 산업통상자원부, 한국석유공사, KOMIS, KIGAM)

에 달했습니다. 반면 미국에서 수입한 우라늄은 4t에 불과했습니다. 러시아(168t), 중국(107t)에서 수입한 양이 영국(111t)이나 캐나다(110t), 호주(100t), 네덜란드(21t), 프랑스(17t), 독일(14t), 미국(4t) 등 주요 우방국에서의 수입량보다 많은 것이죠. 무연탄도 제1 수입국은 러시아였습니다.

리스크는 여기서 끝나지 않습니다. 우리나라가 수입하는 에너지원의 90%가 남중국해 항로를 거쳐 들어옵니다. 항행의 자유(미국)나, 핵심 이익(중국)이냐. G2를 비롯해 인근 아세안 국가들까지 복잡하고 첨예한 갈등에 휩싸인 바다가 우리나라 에너지의 관문인 셈이죠.

이런 상황에서 한국의 원전 확대는 국제 관계에 있어 미묘한 영향을 받을 수 있습니다. 미국 조 바이든 행정부의 기후·에너지 정책을 설계한 존 번 델라웨어대학교 바이든스쿨 석좌교수는 다음과 같이 설명했습니다.

"한국뿐 아니라 원자력발전을 하는 대부분의 나라들은 불안정한 국제정세 속에서 매우 현실적인 문제에 직면했습니다. 우라늄의 주요 공급원이 러시아와 중국이라는 문제 말입니다. 유럽은 이미 천연가스 전쟁을 치르고 있죠. 한국은 과거 석유파동 당시에도 이런 리스크를 경험했고요. 특정 자원을 다른 나라나 지역에 의존하는데, 그 나라에 안보 위협이 발생한다면 어려움을 직면할수밖에 없습니다.

한국이 원전에 더 많이 의존한다는 것은 더 큰 우라늄 리스크를 떠안는다는 것을 의미합니다. 한국이 원전 비중 확대에 신중해야만 하는 이유입니다. 미국은 한국이 이 문제를 어떻게 다루는지 관심을 두고 지켜볼 것입니다. 한국은 미국이 신뢰하는 동맹국이고, 미국으로선 한국이 다른 것도 아닌 우라늄의 수입원으로 러시아와 중국을 택하는 상황을 원치 않을 것입니다."

중국과 러시아에 대한 우라늄 의존을 멈추고, 미국을 중심으로 한 서방 국가들로 수입선을 재편하는 일은 절대 쉽지 않습니다. 당장 미국 내에서조차 우라늄 채굴 자체가 쉽지 않습니다. 미국의 우라늄 대부분이 원주민 보호구역에 매장되어 있다 보니, 미국은 자국의 채굴량을 늘리는 데 어려움을 겪고 있습니다. 무탄소 발전원에 대한 수요가 점차 증가하면서 다른 우방국들로부터 수입량을 늘리는 데도 제약이 있고요. 에너지 안보의 측면에서 보더라도, '에너지 수입국'인 우리나라는 재생에너지 확대가 최선의 선택지입니다.

**기후변화
책임은 우리보다
서구 선진국들에
있는 것
아닌가요?**

2022년 연말 이집트 카이로에서 개최된 제27차 유엔기후변화협약 당사국 총회(Conference of the Parties, 이하 COP)의 화두는 손실과 피해(Loss & Damage)였습니다. 기후변화로 인한 손실과 피해는 더 이상 손에 잡히지 않는 혹은 눈에 보이지 않는 우려가 아닌 만큼, 논의 자체의 무게감은 매우 커졌습니다.

2021년 아프리카 지역의 상황만 놓고 보더라도, 그 피해는 상당합니다. 심각한 가뭄으로 동아프리카 지역에서만 5,800만 명이 영양 부족을 겪었습니다. 그런데 이 지역의 계속된 가뭄 끝에 비가 찾아왔는데, 문제는 '단비'가 아닌 '폭우'였다는 점입니다. 결국 남수단에서만 430만 명이 본인의 의사와 상관없이 집을 떠나야만 했습니다.

이렇게 2021년 사하라 이남의 아프리카에서 발생한 이주자의 수는 전 세계 이주자 수의 3분의 1을 넘었습니다. 한 대륙에서 1,400만 명 넘는 사람이 다른 나라 혹은 난민촌을 찾아 떠난 겁니다. 과거 이 지역의 이주는 내전이나 폭정 등 불안정한 정세와 폭력을 이유로 발생했습니다. 하지만 기후변화가 점차 심각해지면서 기후변화에 따른 재난·재해로 이주하는 이들이 점차 늘어나고 있습니다. 그 해 이 지역 이주자 가운데 5명 중 1명은 내전이나 분쟁이 아닌 '기후변화'로 고향을 등져야만 했습니다.

"같은 기후 위기가 찾아왔을 때, 서아프리카와 중앙아프리카 지역 국가들은 더 큰 피해를 겪게 됩니다. 기후변화에 대한 취약도가 더 큰 것이죠. 특히 2022년엔 대규모 홍수가 서아프리카 전반을 덮치며 피해가 이어졌습니다. 차드에서는 10월 전후로 100만명 이상이 홍수 피해를 입었고, 농경지와 목축지의 피해가 잇따랐습니다. 나이지리아에서도 348만 명가량의 이재민이 발생했고, 농경지 63만 7,000ha가 피해를 보았습니다.

차드나 나이지리아를 비롯한 이 지역 다수의 국가는 대부분 농업과 목축업에 의존하고 있습니다. 그런데 가을철 추수를 앞둔 상황에서 폭우와 대규모 홍수가 발생한 것이죠. 가축을 키우던 장소가 홍수로 물에 잠기고, 가축들이 죽게 됐습니다. 결국 기후변화로 인한 재해가 식량의 손실, 식량안보의 위기로 이어지는 겁니다."

-크리스 니코(유엔세계식량계획 서아프리카 본부장)

유엔세계식량계획(WFP, World Food Programme)에 따르면, 2022년 홍수 피해로 이 지역에서 삶의 터전을 떠날 수밖에 없는 사람의 수만 500만 명이 넘을 것으로 예상됩니다. 피해지역의 복구는 고사하고, 당장 갑작스럽게 집과 일터를 잃은 이들에게 쉴 곳과 먹을 것조차 부족한 상황인 것이죠. 니코이 본부장은 "일부 지역의 경우, 생존을 위해 필수적으로 필요한 자원의 절반밖에 지원받지 못할 정도"라고 현지 상황의 심각성을 설명했습니다.

"역대 통계를 들여다보면, 사헬 지역엔 50년 전에도, 100년 전에도 분명 가뭄과 홍수가 일어났습니다. 그런데 최근 20년의 추세를 보면 이전과 큰 차이가 나타납니다. 빈도가 잦아질뿐더러, 한 번 찾아오는 재해의 피해 규모도 갈수록 커지고 있는 겁니다.
우선 전과 달리, 심각한 가뭄이 찾아오는 빈도가 잦아지고 있습니다. 7~10년에 한 번 겪을 법한 심각한 가뭄이 이젠 2~3년에 한 번 꼴로 발생하고 있습니다. 홍수 또한 더욱 빈번해지고 있고요. 지난해만 해도 우기가 평소보다 매우 늦게 시작해서 평소보다 일찍 끝났습니다. 결국 강수량은 평년 대비 매우 적었습니다. 이는 수천만 명의 식량안보를 위협하는 결과로 이어졌습니다.
올해는 반대로 서아프리카 지역에 80년간 최악의 폭우와 홍수가 찾아왔습니다. 기후변화로 온갖 극한 기상현상 기록이 갈아치워지면서 재난과 다음 재난 사이의 시간 간격은 갈수록 좁아지게 됐습니다. 그 피해 역시 계속해서 누적될 수밖에 없는 상황이고요.
이는 기후정의의 문제이기도 합니다. 기후변화의 원인인 온실가스 배출에 있어 선진국들의 책임은 더 클 수밖에 없습니다. 현재 피해를 입는 나라들보다 선진국의 배출량이 더 많으니까요. 이는 선진국들에 그저 '친절과 관용을 배풀어달라'는 문제가 아닙니다. 선진국들은 이러한 지원을 해야 할 의무가 있는 것이죠."

-크리스 니코(유엔세계식량계획 서아프리카 본부장)

제27차 COP를 통해 손실과 피해는 공식적인 어젠다가 됐습니다. 하지만 이러한 손실과 피해에 뒤따르는 책임과 배·보상은 철저히 배제됐습니다. 선진국들이 강력히 반대한 결과입니다. 대신 대응과 지원이라는 표현이 등장했고요. 앞으로 누가 얼마나 지원하느냐를 놓고도 첨예한 갈등이 예상되는 만큼, 책임과 배·보상이라는 표현은 선진국 입장에선 부담스러울 수도 있습니다. 자칫 개도국 대 선진국의 법적 다툼으로 비화할 실마리가 될 수 있기 때문입니다.

그렇다면 법적 책임은 아닐지라도, 얼마나 지원해야 하느냐를 가리기 위한 근거를 마련하기 위한 책임은 어떻게 될까요. 역사를 거슬러 각 나라가 지금까지 얼마나 많은 이산화탄소를 뿜어냈는지를 따져보는 것이 가장 첫 번째로 하게 될 일이겠죠.

'1850~2021년 화석연료 이용에 따른 누적 탄소 배출량' 그래프를 보면 우리나라의 누적 배출량은 5,165.92Mt으로 세계 17위였습니다. 이미 과거 교토의정서 체제서부터 온실가스 감축 의무가 부여됐던 국가(Annex B, 협약한 선진국 40개국 중 97년 당시 협약에 가입

1850~2021년 화석연료 이용에 따른 누적 탄소 배출량

국가	배출량
미국	115,102
중국	68,054
러시아	32,081
독일	25,396
영국	20,449
일본	18,207
인도	15,585
프랑스	10,585
캐나다	9,310
우크라이나	8,401
폴란드	7,679
이탈리아	6,840
남아프리카	5,858
멕시코	5,618
이란	5,334
호주	5,177
대한민국	5,165
사우디아라비아	4,559
브라질	4,550
스페인	4,120

유엔기후변화협약 상 선진국(Annex B)
(교토의정서 기준 감축 의무 국가)

유엔기후변화협약 상 개도국(Non-Annex B)
(교토의정서 기준 감축 의무 없는 국가)

0   20,000   40,000   60,000   80,000   100,000   120,000
(MtCO₂)

(자료: Global Carbon Project)

하지 않은 터키, 벨라루스를 제외한 38개국)의 일부 나라보다도 많습니다. 파리협정 이전에 국제사회의 온실가스 감축 노력을 관장하는 체제는 바로 교토의정서였습니다. '모두가 다 함께 감축을 위해 노력하자'라는 권고가 담긴 파리협정과 달리, 교토의정서는 감축의 의무를 지우는 문안이 담겼습니다. 의무 부과 여부는 선진국이냐 아니냐, 즉 OECD에 가입한 나라인지에 따라 결정됐고요. 그런데 당시 OECD 가입국이면서도 감축 의무에서 면제된 나라가 딱 두 곳 있었습니다. 한국과 멕시코였습니다.

선진국들 입장에선 '왜 한국이 아직도 아무 책임이나 의무가 없는 개도국으로 분류되는가?'를 따져보지 않을 수 없고, 개도국이나 해수면 상승으로 국토가 이미 사라지고 있는 군소도서국의 입장에선 '한국은 이제 선진국인 데다 배출 책임도 큰 만큼 책임을 져야 한다'라고 이야기할 수도 있는 상황입니다.

이런 상황에서 한국은 기존의 기후변화 관련 기금 마련 약속을 이행하지 않고 있기도 합니다. 인천 송도에 본부를 둔 녹색기후기금˙(Green Climate Fund, 이하 GCF)이 대표적입니다. GCF는 독일 본, 스위스 제네바, 폴란드 바르샤바, 멕시코 멕시코시티 등 쟁쟁

• 녹색기후기금은 유엔기후변화총회(UNFCCC)의 산하기관으로 전 세계의 온실가스를 줄이거나 개발도상국의 기후변화 적응 능력을 높이는 사업에 기금을 배분하는 기후변화에 특화된 국제금융기구입니다.

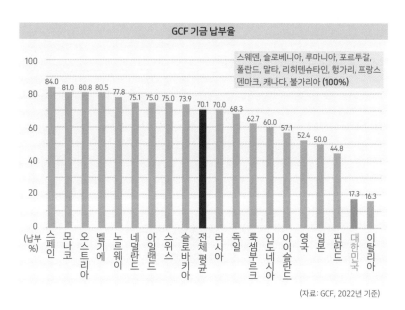

GCF 기금 납부율

스웨덴, 슬로베니아, 루마니아, 포르투갈,
폴란드, 몰타, 리히텐슈타인, 헝가리, 프랑스
덴마크, 캐나다, 불가리아 **(100%)**

(납부%) 스페인 84.0 / 모나코 81.0 / 오스트리아 80.8 / 벨기에 80.5 / 노르웨이 77.8 / 네덜란드 75.1 / 아일랜드 75.0 / 스위스 75.0 / 슬로바키아 73.9 / 전체 평균 70.1 / 러시아 70.0 / 독일 68.3 / 룩셈부르크 62.7 / 인도네시아 60.0 / 아이슬란드 57.1 / 영국 52.4 / 일본 50.0 / 핀란드 44.8 / 대한민국 17.3 / 이탈리아 16.3

(자료: GCF, 2022년 기준)

한 후보들과의 경쟁 끝에 유치했습니다. 그런 GCF이지만 정작 우리나라는 약속한 공여금 2억 달러 가운데 실제 납부한 금액은 2022년 기준 3,450만 달러뿐입니다. 납부율 17.3%라는 숫자는 최하위권에 해당하고요. 모두가 그런 것이면 문제 삼기 어려울 수 있겠지만, 이미 12개 나라는 약속한 돈을 모두 냈고, 4개 나라는 약정의 80% 이상을 납부했습니다. 전체 평균 납부율은 70.1%에 달하고요. 우리나라는 국제사회로부터 온실가스 감축의 압박을 넘어 '위치에 걸맞은 역할'에 대한 압박 또한 받을 수밖에 없습니다.

에너지전환에
뒤처지면
국가 경제도
뒤처진다고요?

"유럽연합(EU)과 미국 등이 탄소세를 부과하면, 우리나라의 주력 수출 상품 15개의 수출은 연간 16억 3,000만 달러 감소할 것이다."

산업연구원(KIET)의 유상희 박사가 이같이 경고했습니다. 이는 지금으로부터 무려 30년 전, 1994년 여름에 나온 경고입니다.

온실가스 감축을 위해 각종 노력과 비용을 들이는 자국 상품의 대외 경쟁력 약화를 막으려는 조치로, 탄소세를 도입하지 않은 나라에 대해선 상계관세*를 부과할 것이라는 거죠. 우리가 EU와 미국, 일본 등에 내야 하는 상계관세는 3억 6,000만 달러에 달한다는 설명입니다. 단순히 상계관세를 내는 데만 그치지 않고, 이는 수출 감소로도 이어져 대미 수출에 있어서는 8.9%, 대일 수출은 2.7%, 대EU 수출은 1.5%의 타격을 입게 된다고 그는 덧붙였습니다. 탄소세에 직격탄을 맞는 자동차, 석유화학, 전자제품 등은 우리의 주력 수출 상품이고, EU와 미국은 우리의 주요 수출시장인 만큼 그 영향은 매우 클 거라는 경고입니다.

탄소 배출은 곧 경제적 손실, 특히나 무역에 의존하는 한국엔

• 상계관세는 해외에서 부당하게 가격을 낮춘 물품이 수입돼 국내 산업이 피해를 보는 것을 막기 위한 관세를 말합니다. 자국 산업의 보호를 넘어 수입 물품과의 공정한 경쟁을 도모하기 위함입니다.

피할 수 없는 손실이라는 경고 이후, 실제 유럽과 우리나라는 어떻게 달라졌을까요.

1인당 전력 사용량도 마찬가지였습니다. 30년 동안 EU의 1인당 전력 사용량은 거의 변동이 없을 정도였습니다. 1990년 1인당 4.8MWh의 전력을 사용했던 유럽에선 2020년 1인당 5.3MWh를 사용하고 있습니다. 불과 0.5MWh 정도 늘었을 뿐입니다. 스마트폰이 없던 시대, 전기차는 그저 엑스포에서나 볼 수 있었던 시대와 '전기 없이는 기초적인 일상생활조차 마비되는 시대'의 전력 사용량이 별반 다르지 않았던 것이죠. 같은 기간 우리나라의 경우 1인당 2.4MWh에서 10.8MWh로 4.5배가 됐습니다. 밀레니엄을 맞이한 2000년 우리나라의 1인당 전력 사용량은 5.9MWh로 5.2MWh의 EU를 넘어선 이후 줄곧 증가를 거듭했습니다.

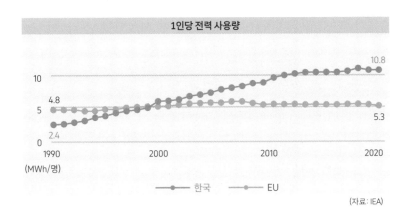

기후 블랙홀

물론 우리도 EU처럼 '긍정의 변화'를 맞은 것들도 있었습니다. 1,000달러의 국내총생산을 얻기 위해 투입되는 에너지의 양은 계속해서 줄었습니다. 경제의 에너지 집약도가 계속해서 낮아졌다는 뜻입니다. 우리는 1,000달러를 벌기 위해 최대 10.4GJ(1997년)의 에너지를 쏟아부어야 했습니다. 하지만 1997년을 정점으로 이는 감소세를 이어가 7.1GJ(2020년)까지 줄어들었습니다. 문제는 EU에 비하면 여전히 부족한 수준이라는 점입니다. EU는 이미 1991년 이 수치를 달성했습니다. 그리고 2020년엔 이를 3.9GJ까지 줄여냈고요. 같은 액수의 돈을 벌기 위해 EU는 우리의 55% 수준의 에너지만 들이고 있다는 겁니다.

흔히들 이런 데이터를 마주할 때마다 '제조업 비중이 높아서 그렇다'라는 반박이 제일 먼저 등장합니다. 그래서 제조업의 에

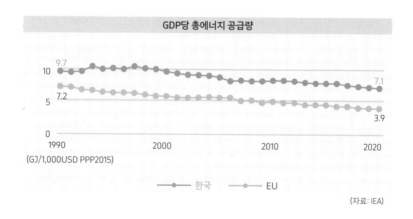

GDP당 총에너지 공급량

(GJ/1,000USD PPP2015)

한국　　EU

(자료: IEA)

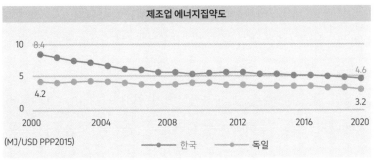

제조업 에너지집약도

10 8.4
5 4.6
4.2
0 3.2
2000 2004 2008 2012 2016 2020

(MJ/USD PPP2015)　　　　　　　—●— 한국　—●— 독일

니지집약도를 살펴봤습니다. 이는 EU 자원의 통계를 찾아볼 수
없어 EU 회원국인 독일과 비교해 봤습니다. 20년의 세월, 격차를
줄이긴 했지만 여전히 부족한 상황입니다. 우리나라의 2020년 제
조업 에너지집약도는 4.6MJ/USD PPP*로, 독일(3.2MJ/USD PPP)
에 여전히 미치지 못하며, 2000년 독일의 집약도(4.2MJ/USD PPP)
보다도 많습니다.

　30년 전의 경고는 2021년 여름, 구체화한 현실로 다가왔습니다.
EU 집행위가 강화한 2030년 온실가스 감축 목표와 이를 실현하
기 위한 각종 정책, 법안을 담은 핏포55(Fit for 55)** 패키지를 발표

* MJ/USD PPP는 주어진 국가의 구매력 평가지수로 조정된 1달러(USD)당 사용된 에너
　지량(메가줄, MJ)을 나타냅니다.
*•핏포55는 EU의 2050 탄소중립과 2030년까지의 감축 목표(1990년 대비 55% 감축)를 달
　성하기 위한 상호 연결된 정책 제안을 말합니다.

하면서 말이죠. 과거 '탄소세'라고 불렸던 것의 이름은 탄소국경 조정제도(Carbon Border Adjustment Mechanism, 이하 CBAM)로 정해졌고요.

EU의 입장은 분명합니다. 해외에서 EU에 상응하는 수준의 온실가스 감축 성과나 노력 없이 만들어진 상품에 대해선 그에 상응하는 비용을 부과하겠다는 입장 말입니다. '자유무역주의 훼손', '또 다른 무역장벽의 등장' 등등의 표현을 통해 이를 비판한다 하더라도 EU는 전혀 흔들리지 않았습니다. 그간 온실가스 감축과 에너지 효율 개선을 위해 큰 비용과 시간을 들인 유럽의 기업들이 EU 역내에서라도 그런 비용과 수고를 들이지 않은 해외 기업과 공정하게 경쟁할 수 있도록 도모하는 것이 우선이기 때문입니다. CBAM을 관세가 아닌 '국경 조정'이라 부르는 이유입니다. 미국과의 공동 대응도 쉽지 않아 보입니다. 미국 역시 이와 비슷한 제도를 담은 법안이 의회에 제출된 상태니까요.

EU는 대체 왜 탄소 무역장벽을 만든 건가요?

국가 간의 무역을 돈이 아닌 탄소의 관점으로 살펴보겠습니다. 수출과 수입을 '달러'가 아닌 'tCO$_2$'로 계산해 본 겁니다. OECD 는 개별 국가들의 이산화탄소 수출량과 수입량을 집계하고 있습니다. 이미 무역 통계 관리를 '몇만 달러어치를 수출했다'라고 하는 화폐 단위나 '몇만 톤을 수출했다'라고 하는 질량 단위로만 하는 것을 넘어, 이산화탄소를 단위로도 하는 것이죠.

이를 토대로 순수출량과 순수입량을 따져봤습니다. 우리가 무역지수를 통해 수출입을 살펴보니, 이는 '탄소 무역지수' 정도로 생각하면 쉽게 와닿을 듯합니다.

제품을 생산할 땐 필연적으로 탄소 배출이 뒤따릅니다. 그 때문에 이러한 관점에선 수출량이 많아도, 수출 품목을 생산할 때 탄소 배출량이 많으면 불리해집니다. 물론 탄소 배출량을 이유로 일부러 수출을 안 하고, 제품의 생산을 안 하는 나라는 없기에 이러한 관점에서 '유리한 고지'에 오르려는 나라들은 저마다 에너지 절감 기술을 연구하고 상용화하거나 산업의 탄소 집약도를 낮추기 위해 노력하고 있죠.

이 세상 그 어느 나라도 수입만 하는 나라가 없고, 반대로 수출만 하는 나라도 없습니다. 서로가 그렇게 얽히고설킨 거죠. 2018년 기준 탄소의 수출량과 수입량을 합친 값이 양의 값인 나라는 순수출국, 음의 값인 나라는 순수입국입니다.

이 값이 양의 값이라면, 해외에 이산화탄소를 수출한 양이 더 많기에 향후 탈탄소 시대에 더 큰 위기에 빠졌다고 볼 수 있습니다. 반대로 이 값이 음의 값이라면, 이를 십분 활용하기 위해 EU의 탄소국경조정제도(CBAM)와 같은 카드를 만지작거리기 쉬운 입장이라는 것을 의미합니다.

OECD 회원국 전체를 따졌을 때, 탄소의 순수출량은 −14억 4,640만 t에 달했습니다. EU 27개 회원국도 −4억 270만 t으로, '탄소 수출국'이 아닌 '탄소 수입국'이었습니다. 이를 통해 확인할 수 있는 것이 하나 있습니다.

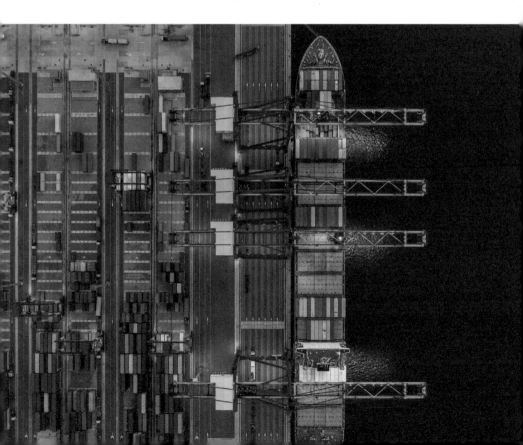

탄소 배출량을 놓고 무역 과정에서 그에 대한 비용을 매기겠다고 했을 때, 적어도 선진국 그룹 내에선 어느 정도 공감대가 형성된 상황이라는 점 말입니다. OECD 회원국 전체의 합이 음의 값이 아닌 양의 값이었다면, 국가 간 탄소세 부과라는 개념은 그저 논문에서만 존재했을지도 모릅니다. 하지만 실제 음의 값인 상황에선 이러한 제도를 도입 못 할 이유가 없는 셈이죠.

개별 국가별로도 통계를 살펴보면, 세계에서 가장 많은 양의 탄소를 '순수출'하고 있는 나라는 중국입니다. '세계의 공장' 역할을 자처하는 만큼, 생산기지로서 중국발 탄소 배출량은 많을 수밖에 없겠죠. 무려 9억 770만 t의 순수출량을 기록했습니다. 우리나라는 5,570만 t의 순수출량을 기록하며 세계에서 여섯 번째로 높았습니다. 이는 과거 대비 크게 늘어난 숫자입니다.

개별 국가 단위로 봤을 때, 가장 많은 양의 탄소를 '순수입'한 나라는 미국입니다. EU 27개국의 총합보다도 많은 7억 5,440만 t의 이산화탄소를 수입했죠. 비록, CBAM이라는 이름으로 무역에 있어 탄소세를 처음 부과하는 것은 EU지만, 그 누구보다 탄소세를 적용하기 좋은 조건인 나라는 미국인 셈입니다. 물론 자국 내 복잡한 산업구조와 노동구조 등을 종합적으로 고려해야 하지만, 적어도 '탄소 수출국이면서 무슨 CBAM을 실시하냐'라는 비난은 받지 않을 테니까요.

미국에 이어 가장 많은 이산화탄소를 수입하고 있는 나라는 일본(1억 5,990만 t)입니다. 지난 1994년 산업연구원이 왜 미국과 EU, 일본의 탄소세 적용 가능성을 우려하고, 우리나라 수출에 얼마나 큰 영향을 미칠지 계산했는지를 지금의 이산화탄소 순수출 및 순수입량을 보면 이해할 수 있는 대목입니다. 그리고 'EU는 대체왜 자기네만 지구를 위하는 척 유난을 떠는 거야?'라는 질문에 대해서도 충분한 답이 될 만한 통계입니다.

EU가 우선적으로 CBAM을 시범도입한 품목(철강, 시멘트, 알루미늄, 비료, 전기, 수소)을 중심으로 CBAM의 영향을 가장 많이 받는 나라는 어디일까요. 글로벌 싱크탱크인 Carbon Brief에 따르면 가장 큰 영향을 받는 것은 러시아입니다. 러시아의 우크라이나 침공으로 예기치 못한 에너지 대란을 겪은 EU입니다. CBAM은 맘껏 온실가스를 내뿜으며 저렴한 가격에 제품을 생산해 EU로 수출 중인 러시아를 견제하는 성격을 띤다고도 볼 수 있는 것입니다. 물론 서방이 러시아를 고립시키고자 노력하는 요즘 같은 상황에선 굳이 CBAM이 아니어도 러시아를 견제할 여러 제재 등 방법이 많지만 말이죠.

그런데 EU의 CBAM으로 인한 타격이 큰 10개의 나라 가운데 우리나라도 이름을 올렸다는 점이 문제입니다. 한국은 여섯 번째로 큰 영향을 받는 나라였습니다. 그 규모만도 20억 달러가 넘을

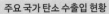

주요 국가 탄소 수출입 현황

OECD 회원국 탄소 순수출	G20 국가 탄소 순수출	EU 27개국 탄소 순수출
−1,446.4 100만tCO₂	59.9 100만tCO₂	−402.7 100만tCO₂

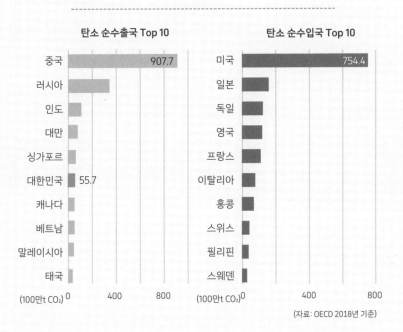

탄소 순수출국 Top 10

중국	907.7
러시아	
인도	
대만	
싱가포르	
대한민국	55.7
캐나다	
베트남	
말레이시아	
태국	

(100만t CO₂) 0   400   800

탄소 순수입국 Top 10

미국	754.4
일본	
독일	
영국	
프랑스	
이탈리아	
홍콩	
스위스	
필리핀	
스웨덴	

(100만t CO₂) 0   400   800

(자료: OECD 2018년 기준)

거라는 전망입니다. 도대체 한국과 EU가 이산화탄소를 매개로 어떤 관계에 있기에 이렇게 큰 영향을 받는 걸까요.

산업연구원은 우리나라와 EU 사이 무역을 통해 오가는 탄소 배출량을 살펴봤습니다. 2015년 기준 EU는 우리나라에 1,970만 톤의 이산화탄소를 수출했습니다. 우리는 반대로 EU에 2,950만 톤의 이산화탄소를 수출했죠. 우리나라는 그동안 EU에게 제품만을 보낸 것이 아니었습니다. 온실가스도 함께 보냈던 것입니다. 무역수지가 흑자라고 좋아하기만 할 것이 아니라, 그 속에 오가는 이산화탄소를 어떻게 줄여내야 할지도 고민해야 했던 것이죠.

EU의 CBAM 적용대상이 되는 한국의 전체 대(對) EU 수출 중 철강 및 철강 관련 제품이 차지하는 비중은 무려 95.2%에 달합니다. 우리의 전체 철강 수출 중 EU 수출의 비중은 10.7%, 전체 스테인리스 강선 수출 중 EU 수출의 비중은 30.3%, 전체 합금강 및 합금강 반제품 수출 중 EU 수출의 비중은 31%에 이르고요.

대외경제정책연구원은 이 같은 상황에서 우리나라가 대내적으로 적극적인 대응에 나서야 한다고 강조했습니다. "정부는 CBAM이 본격적으로 시행되는 2026년까지의 과도기간 동안, 우리 기업들의 CBAM 적응을 지원하고, CBAM에 대응하기 위한 배출 데이터 관리체계를 구축해야 한다."라는 겁니다. 기업은 "추가적인 탄소비용 부담을 최소화하기 위해선 사업장의 탄소배출량 측정과 배출량 자료 관리 능력을 강화하고, CBAM 관련 수출 행정 및 인증 절차를 숙지해야 한다."라며 "장기적으론 탄소배출을 감축할 수 있는 생산 공정을 확충하고, 저탄소 고부가가치 제품으로 수출 품목을 전환해야 한다."라고 강조했습니다.

3장

**환경을 넘어선
환경문제,
에너지전환**

강원도 산불에
서울이
정전된다고요?

2022년 3월 경상북도 울진과 강원도 삼척에서 발생한 산불은 214시간 동안 이어졌습니다. 이 불로 무려 2만 923ha가 잿더미로 변했죠. 여의도의 72배, 세종시의 절반 가까운 면적입니다.

기후변화로 강수량과 강수일수가 줄어들면서 산불 가능성은 해마다 더욱 커지고 있습니다. 특히 강원과 경북 일대를 중심으로 해마다 크고 작은 산불이 이어지면서 자칫 '산불 벨트'가 만들어지는 것 아니냐는 우려도 나옵니다.

역대 주요 대규모 산불 가운데 대다수는 7번 국도를 따라 발생했습니다. 고성과 삼척은 특히 여러 차례에 걸쳐 '역대급 산불' 피해를 입었죠. 7번 국도를 따라 자리한 이들 지역이 산불에 취약하다는 점은 이러한 타임라인에서만 나타나는 것이 아닙니다. 2020년 전국 산불 피해 면적의 대부분이 이들 지역에 집중됐습니다. 2019년엔 전국 피해 면적의 87%가 강원도 한 지역에 몰려있을 정도였죠.

문제는 이러한 산불이 갈수록 늘고 있고, 사는 곳이 '산불 벨트'와 먼 곳이라고 해서 안심하긴 어렵다는 겁니다. 산림청이 집계한 2011~2020년 산불 발생 건수와 피해 면적에 따르면, 산불은 뚜렷한 증가세를 보입니다. 특히 우리나라의 온실가스 배출량이 '역대 최고치'를 기록한 2018년 이후 산불 피해 면적은 전에 본 적이 없는 수준으로 넓어졌습니다. 2020년 기준 산불 발생 건수는 최근 10년 평균(474건)보다 31% 늘었고, 피해 면적은 최근 10년 평균(1,120ha)보다 161% 증가했습니다.

2022년 3월 울진·삼척 산불이 발생하기에 앞서 기상청은 대형 산불의 위험성을 매우 강조해 왔습니다. 1~2월이 너무 건조했기 때문입니다. 강원 영동과 경북의 2013~2022년 1, 2월 강수량을 살펴보면 2022년은 강수량도, 강수일수도 모두 10년 새 최저 수준이었습니다. 특히 3월 4일엔 건조 특보와 강풍 특보가 동시에 내려지면서 경고는 더욱 강해졌습니다. "오늘(4일)과 내일(5일) 경북 북부 내륙과 경북 동해안을 중심으로 바람이 매우 강하게 불 것으로 전망된다.", "건조 특보가 발효중인 강원 영동과 경상권 등을 중심으로 대기가 매우 건조한 상태다.", "대기가 건조한 가운데 바람도 매우 강하게 불어 작은 불씨가 큰불로 이어질 수 있으니 산불 등 화재 예방에 각별히 유의하기를 바란다."

이러한 경고는 비단 '오늘과 내일의 날씨가 건조하고 바람이 많이 불기 때문'만이 아니었습니다. 2021~2022년 겨울, 전국의 강수량은 13.3mm에 그쳤습니다. 평년의 7분의 1 수준으로 역대 최저였습니다. 강수일수 역시 11.7일로 가장 적었습니다. 반면 햇볕이 잘 들었던 시간은 605.5시간으로 역대 가장 길었죠. 인간에 의한 실화나 자연발화 등 트리거만 있으면 큰불이 날 상황이었던 겁니다.

7번 국도 인근 역대 주요 산불

1996년 4월 고성 산불
2019년 4월 고성·속초·강릉·인제 산불

2005년 4월 양양 산불

2017년 5월 강릉·삼척 산불

2000년 4월 동해·삼척 산불

2022년 3월 울진·삼척 산불

2020년 4월 안동 산불

강원도

충청북도

경상북도

대구

2020년 전국 산불 피해면적
96% 강원·경북·울산 집중
(2019년 전국 피해면적 87%가 강원)

공교롭게도 대형 산불은 아름다운 해안도로인 7번 국도를 따라 빈번히 발생했습니다. 그런데 이러한 7번 국도를 따라 늘어선 것은 '산불의 위험'만이 아닙니다. 우리나라 에너지의 '대동맥' 역시 7번 국도를 따라 흐르죠. 가히 '에너지 벨트'라고 부를 수 있을 정도입니다.

7번 국도의 위쪽 절반엔 석탄발전소가, 아래쪽 절반엔 원전이 늘어서 있습니다. 총 10기의 석탄화력발전소가 가동 중이고, 원자력발전소도 무려 13기가 가동 중이죠.

대규모로 전기를 만드는 발전소들은 초고압 송전탑과 연결돼 도시로 전기를 보냅니다. 수도권에서 사용하는 전력의 40%는 바로 이들 지역으로부터 오는 전력입니다. 최근엔 백두대간을 따라 풍력 발전단지 등 여러 재생에너지 발전소도 들어서고 있기도 합니다. 여기에 삼척엔 대규모 LNG 기지도 있습니다. 1986년 평택, 1996년 인천, 2002년 통영에 이어 내륙에서 지어진 마지막 LNG 생산기지입니다. 최신 기지인 만큼 국내 최대 규모인 27만 kl급 저장탱크를 보유하고 있는 유일한 기지이기도 합니다. 이 역시 수도권과 부산 등 대도시로의 안정적인 가스 공급을 위한 시설입니다.

산불이 스쳐 간 울진과 삼척엔 큰 상처가 남았습니다. 산불은 삼척 LNG 생산기지 턱밑까지 퍼졌습니다. LNG 기지로부터 불과 수 km 떨어진 울진 한울원전에선 담장 안쪽까지도 불길이 이어졌습니다. 당시 시설의 안전을 확보하기 위해 대규모 소방력이 이 두 곳에 집중됐습니다.

문제는 주요 에너지 시설을 지키려던 것이 정작 위험을 초래했다는 겁니다. 일례로 한울원전 인근 마을들은 이번 산불로 초토화됐습니다. 워낙 산불의 위력이 컸던 탓도 있지만, 이 지역의 소방력이 '시설'에 집중되면서 정작 마을은 보호받지 못한 겁니다.

"아들내미가 소방대에 전화하고, 소방서에 전화하고 난리를 쳐도 공무원 하나 안 오고, 소방차 한 대 안 오는 거예요. 알고 보니까 소방차가 전부 다, 몽땅 LNG 기지하고 원전으로 다 가버린 거예

요. 가보니까, 거긴 차가 빽빽해서 차 돌릴 데도 없어요. 너무 많이 몰려가서. 그러지 말고 차라리 이런 데 와서, 불이 딱 올 때 껐으면, 우리 집도 불 날 일이 없어요. 우리 집은 원전이랑 LNG 기지 때문에 박살이 난 겁니다."

—최무하(울진군 산불 피해 주민)

시설에 몰려있던 소방력은 최 씨의 집만 지키지 못한 것이 아니었습니다. 마을에 산불이 옮겨붙었다는 것은 곧 원전과 연결된 대규모 송전선로도 불길에 휩싸였다는 뜻이었습니다. 이는 원전의 안전과도 직결됩니다. 불길이 원전에 다다를 때까지 대규모 소방력이 부지 내에서 기다릴 것이 아니라, 인근 마을 등 주요 송전탑이 위치한 지역까지 사전에 방화선을 구축해야 마땅했습니다.

"원전 안전에 외부 전원은 굉장히 중요합니다. 안전의 관건은 가동 중인 원자로의 핵연료와 사용 후 핵연료를 냉각하는 일입니다. 이 냉각을 위해선 전원이 필요한데요, 가장 기본적으로 쓰는 전원이 바로 송전선로를 통한 외부 전원입니다. 이 외부 전원이 실패했을 땐 비상 디젤 발전기를 임시로 가동해서 전원을 공급합니다."

—석광훈(에너지전환포럼 전문위원)

2022년 산불로 인한 송전선로의 피해, 그리고 그로 인한 원전의 영향에 대해선 산불 발생 초기엔 그리 알려지지 않았습니다. 원전 운영사인 한국수력원자력과 원전 안전의 지휘 본부인 원자력안전위원회는 "한울 6호기의 비상 디젤 발전기가 자동으로 작동했다."라면서도 "원전 안전엔 문제가 없다."라고 밝혔습니다. 송전선로와 관련해서도 "한울 원전과 연계된 8개 송전선로 가운데 2개가 차단됐다."라면서 마찬가지로 "원전 안전엔 문제가 없다."라고 했죠.

하지만 현장에서 직접 살펴본 바 선로가 2개만 차단됐을 리 만무했습니다. 이에 한국전력공사에 자세한 송전선로 피해 현황을 물었습니다. 한전 측은 "지역 내 총 3km 길이의 송전선로가 산불로 인해 크고 작은 피해를 입었다."라고 설명했습니다. 다만, '3km'에 해당하는 구간이 무엇인지는 알 수 없었습니다.

이후 국회를 통해 확인된 사실은 더욱 심각했습니다. 쉴 새 없이 온갖 송전선로에서 전기가 끊어졌다, 붙기를 반복했습니다. 산불이 한창이던 2022년 3월 4일부터 10일까지, 한울원전과 연계된 송전탑 4개의 8개 선로가 각각 어느 시점에 전력 공급이 정지되고 어느 시점에 다시 투입됐는지를 살펴보니, 짧게는 1분 길게는 수일 동안 전력 공급이 끊겼습니다. 8개 선로의 정지 횟수만도 33번에 달합니다.

횟수보다 중요한 것은 바로 '동시다발적인 정지' 여부입니다. 쉴 새 없이 전력 공급이 멈추고, 재개하기를 반복하는 사이 4개의 송전탑 가운데 3개가 같은 시간에 정지했습니다. 대위기의 순간, 나머지 하나 남은 송전탑도 정지됐지만, 가까스로 다른 송전탑이 복구되면서 대정전, 이른바 '블랙아웃(대규모 정전 사태)'은 면했습니다.

핵연료 냉각 또한 중대 위협 요소 중 하나입니다. 기후변화로 갈수록 산불의 세기가 강해지고 지속 기간 역시 늘어나면, '일 단

위'가 아닌 '개월 단위'로 산불이 이어진다면, 지금의 비상 디젤 발전기만으론 안심하기 어려운 겁니다. 이런 상황에서 사용후핵연료를 보관하는 건물도 불안을 키웁니다.

"우리가 과거엔 이런 기후변화가 심각하지 않았기 때문에, 화재로 인한 외부 전원의 차단이라는 것을 거의 상상하지 못했습니다. 산불로 원전 안전에 문제가 생길 거라고 상상하지 못한 거죠. 이전까진 송전선로로 인해 이런 위험에 노출될 거라고는 상상을 못 했습니다. 우크라이나의 경우엔 전쟁 과정에서 자포리자 원전과 연계된 송전선로가 차단됐습니다. 전쟁이 됐든, 기후 재난이 됐든, 이전까진 '격납건물의 안전성'만 생각했죠.
그나마 우크라이나의 원전은 사용후핵연료 저장 수조가 원자로 격납건물 안에 들어가 있는 설계입니다. 그런데 우리나라는 다 일반 건물에 있습니다. 원자로는 두꺼운 콘크리트의 격납건물에 있어 방어되는데, 사용후핵연료 저장 수조는 말 그대로 수영장처럼, 일반 건물에 들어가 있습니다."

– 석광훈(에너지전환포럼 전문위원)

석 위원의 말은 냉각에 실패했을 경우, 격납건물 내에 있는 원자로와 달리 사용후핵연료의 경우 말 그대로 '중대 사고의 위험'

에 고스란히 노출되어 있다는 지적입니다. 석 위원은 또 "불과 몇 년 전, 원전용 비상 디젤 발전기를 납품했던 공급 업체가 납품 비리로 구속된 사례도 있었다."라며 "이번 산불을 계기로 지금의 비상 디젤 발전기들이 제대로 관리되고 있는지 재차 점검해 봐야 한다."라고도 강조했습니다.

문제는 여기서 그치지 않습니다. 산불이 발생한 울진과 삼척엔 앞서 설명한 것처럼 '에너지 벨트'가 자리하고 있습니다. 원전만이 문제가 아니죠. 이 지역 전체 송진신로의 상황으로 스케일을 키워보면, 당시 상황은 더 아찔했습니다. 산불이 이어진 200여 시간 사이, 이 지역 주요 송전선로에서 발생한 정지 횟수만도 55회가 넘습니다.

동해안, 그것도 이 중 일부인 울진과 삼척에 있는 송전탑에 문제가 생긴다고 왜 다른 지역까지 대정전이 일어나냐는 의문이 들 수도 있습니다.

하지만 전력 수급의 과정을 살펴보면, 이는 엄청난 파급효과를 부르게 됩니다. 그저 '한 동네의 일'이 아닙니다. 전력의 공급은 시시각각 달라지는 수요에 맞춰 늘어났다 줄어들기를 반복합니다. 한 번 발전소를 떠나 송전선로를 타고 보내진 전기는 수요를 충족시키고 남았다고 해서 다른 데 저장되거나 다시 발전소로 돌아가지 않습니다. 이런 가운데 갑작스레 대형 발전소에서 생산된 대량의 전력이 송전선로의 소실로 공급되지 않는다면, 전국 단위의 대정전, 블랙아웃이 찾아올 수밖에 없습니다.

한국이 녹색전환의 선도 국가였을 수도 있다고요?

2011년 5월 동아시아의 한 나라와 북유럽의 한 나라가 녹색성장 동맹(Green Growth Alliance)을 맺었습니다. 동맹의 한 축인 동아시아 국가는 녹색성장이라는 표현을 세상에 처음 내놓았습니다. 이전까지 지속가능한 발전이라는 용어가 국제적으로 통용됐으나, 선 성장 후 환경보호로 비롯되는 각종 문제점을 극복하면서 경제적 목표와 환경적 목표를 함께 달성하자는 취지에서 이 표현이 등장한 겁니다.

녹색성장이 처음 등장한 것은 2005년 유엔 아시아·태평양 환경과 개발 장관회의에서였습니다. 당시 개최지는 서울이었고요. 우리나라는 아태지역 개도국의 롤모델로서 당시 녹색성장이라는 개념과 함께 리더십을 발휘할 수 있었습니다.

2008년 취임한 이명박 대통령은 그해 광복절 경축사에서 녹색성장을 선포하고, 수소경제를 강조했습니다. 이어 2011년엔 북유럽의 덴마크와 함께 녹색성장 동맹을 맺었고요. 국가 간 녹색성장을 내걸어 동맹을 맺은 것은 세계에서 처음 있는 일이었습니다.

두 나라가 동맹을 맺은 지 어느덧 10여 년의 시간이 흘렀습니다. '2020년, 배출전망치의 30%를 줄이겠다.'라던 한국은 얼마나 달라졌을까요. 그리고 '재생에너지 비중 20%대'를 기록했던 덴마크는 어떻게 달라졌을까요. 구매력평가 기준, 1,000달러의 GDP를 벌기 위해 한국은 평균 5.44GJ의 에너지를 투입했습니다. 남아프리카, 캐나다, 중국, 핀란드에 이어 IEA 회원국 5위로 글로벌 최상위권에 해당했습니다. 최상위권이라 해서 '긍정적인 의미'인 것은 아닙니다. 세계에서 다섯 번째로, 똑같은 돈을 버는 데 남들보다 더 많은 에너지를 쏟아부었다는 뜻이니까요. 반면 동맹국인 덴마크의 경우 평균 2.15GJ의 에너지만을 썼습니다. 우리보다 절반도 채 안 되는 에너지만으로 똑같이 1,000달러의 GDP를 얻은 셈이죠.

이 기간 두 나라의 에너지 구성은 어떻게 달라졌을까요. 덴마크의 앞바다는 가스와 석유를 품은 북해입니다. 눈앞의 유전과 가스전을 두고 덴마크는 과감한 전환을 선택했습니다. 한국과 녹색성장 동맹을 맺었던 2011년 당시, 덴마크의 총에너지에서 화석연료의 비중은 75.3%에 달했습니다. 제아무리 남들보다 일찍 재생에너지를 이용한 전력 생산에 나섰다 하더라도, 전기 외의 다른 에너지를 사용하는 과정에서 여전히 화석연료는 '압도적 존재감'을 뽐냈던 것이죠.

하지만 녹색성장 동맹 10년 차인 2020년, 상황은 180도 달라졌습니다. 전체 전력 생산의 84.3%가 재생에너지를 통해 이뤄졌습니다. 국가가 사용하는 모든 종류의 에너지 중에서도 재생에너지의 비중은 43.5%에 달했고요. 앞바다 가스전, 유전을 두고도 신속한 '탈화석연료'를 실천한 겁니다.

이 과정에서 눈여겨볼 것이 또 있습니다. 단순히 구성비의 변화만 있었던 것이 아니라, 10년 새 꾸준히 국가가 생산(사용)하는 에너지의 양도, 전력의 양도 감소세였다는 것이죠.

10년 내리 경제 침체가 이어져서 에너지 수요가 줄어들었기 때문일까요? 이는 에너지원을 지속가능하고, 재생가능한 에너지원으로 대체함과 동시에 효율을 높였기에 가능한 일입니다. 변화가 에너지의 공급에만 국한된 것이 아니라, 에너지의 수요에도 이어진 것이죠. 경제적 목표와 환경적 목표를 동시에 달성한다는 '녹색성장'을 말 그대로 실천한 10년이었던 셈입니다.

2011년 양국의 녹색성장 동맹 이래, 두 나라의 재생에너지 비중 변화도 들여다봤습니다. 결과는 안타깝기 그지없었습니다. 당시 2.5%였던 재생에너지의 우리나라 전력 생산 비중은 2020년 6.6%에 머물렀습니다. 덴마크는 앞서 언급한 대로, 42.5%에서 84.3%로 확대됐고요. 격차는 '초격차'가 됐습니다.

다른 지표를 함께 살펴보면, 안타까움은 더 커집니다. 1인당 총에너지 공급량, 1인당 전력 사용량, 1인당 탄소 배출량을 종합적으로 살펴봤습니다. 덴마크보다 1인당 GDP는 낮은데, 에너지와 전력의 사용, 탄소배출 모두 덴마크보다 많았습니다.

덴마크의 1인당 총에너지 공급량은 2011년 135.2GJ에서 2020년 110.1GJ로 크게 줄었고, 1인당 전력 사용량 역시 6.2MWh

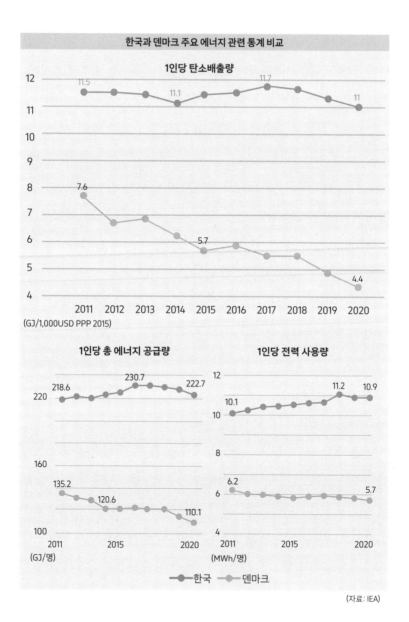

한국과 덴마크 주요 에너지 관련 통계 비교

1인당 탄소배출량

11.5
11.1
11.7
11

7.6
5.7
4.4

2011 2012 2013 2014 2015 2016 2017 2018 2019 2020
(GJ/1,000USD PPP 2015)

1인당 총 에너지 공급량

218.6
230.7
222.7

135.2
120.6
110.1

2011 2015 2020
(GJ/명)

1인당 전력 사용량

10.1
11.2
10.9

6.2
5.7

2011 2015 2020
(MWh/명)

── 한국 ── 덴마크

(자료: IEA)

에서 5.7MWh로 감소세를 이어갔습니다. 사용하는 에너지도 줄어드는데, 그 에너지에서의 재생에너지 비중은 급격히 증가해 1인당 탄소 배출량은 더 감소했습니다. 2011년 1인당 7.6GJ이었던 탄소 배출량은 2020년 4.4GJ로 뚝 떨어졌죠.

우리나라의 그래프 방향은 '반대'였습니다. 1인당 총에너지 공급량은 2011년 218.6GJ에서 2020년 222.7GJ로, 1인당 전력 사용량 역시 2011년 10.1MWh에서 2020년 10.9MWh로 우상향했습니다. 1인당 탄소 배출량은 팬데믹을 겪고 나서야 비로소 감소세를 보이는 수준이었습니다. 우리나라의 지표 그 어느 것을 보더라도

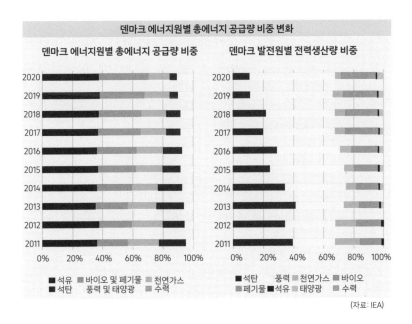

(자료: IEA)

녹색성장이라는 이름표를 붙일 만한 것은 단 하나도 없었습니다.

앞바다에 유전과 가스전을 보유한 덴마크보다 탈화석연료의 필요성이 더 큰 우리나라의 화석연료 의존은 계속 이어졌습니다. 반면 덴마크는 영토 내 화석연료 자원을 '손절'하는 결정을 내린 것입니다. 덴마크는 영토 내 화석연료 자원을 좌초자산˚으로 보고, 더 이상의 개발과 활용을 최소화했습니다.

화석연료로 향하는 눈길을 거두자, 덴마크는 급속도로 감축의 길로 접어들 수 있었고, 그 결과 덴마크는 2030 국가 온실가스 감축목표(NDC)를 70%로 상향하기에 이르렀습니다. 상향안이 덴마크 의회를 통과한 것은 2020년 여름의 일이었습니다. 찬성률 95%로 다당제인 덴마크 의회에서 10개 주요 정당 중 8개 정당의 지지를 얻은 결과였습니다. 여야를 뛰어넘는 초당적 합의는 어찌 보면 덴마크의 즉각적이고도 과감한 에너지전환의 배경일지도 모릅니다.

"1972년의 1차 석유파동은 모든 것의 시발점이라고도 할 수 있습니다. 당시 덴마크는 에너지원의 100%를 수입에 의존하던 상황

• 좌초자산은 기존에는 경제성이 있어 투자했으나, 기후변화 등 환경의 변화로 자산가치가 떨어진 자산을 말합니다. 국제에너지기구(IEA)는 좌초자산을 '이미 투자되었으나 수명이 다하기 전에 더이상 수익을 못 내는 자산'으로 정의합니다.

이었습니다. 석유파동으로 인한 유가 폭등은 덴마크 경제에 막대한 지장을 초래했죠. 덴마크는 에너지를 지켜내야 했고, 덴마크만의 에너지원을 개발할 필요를 느끼게 됐습니다. 석유파동과 같은 외부의 충격으로부터 경제를 보호할 수 있어야 하니까요. 이는 그 어떤 심각한 기후 논쟁보다도 더 중요했습니다.

새로운 에너지원의 개발과 더불어 덴마크가 집중한 것은 에너지효율의 개선이었습니다. 오늘날 주요 기후 위기 대책 중 '가장 저렴한 대책'으로 꼽히는 에너지 절약을 당시부터 해왔던 겁니다. 예를 들면, 의회에선 집의 창호에 제대로 된 절연재를 사용해야한다는 법안까지 만들 정도였습니다. 그 당시 덴마크에 있어서 이러한 에너지 효율 개선, 에너지 절약은 기후위기 대책이라기보

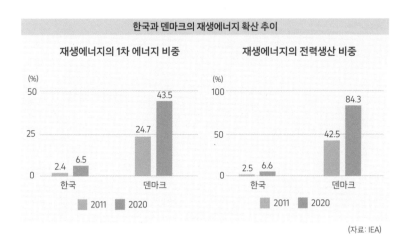

한국과 덴마크의 재생에너지 확산 추이

재생에너지의 1차 에너지 비중

재생에너지의 전력생산 비중

(자료: IEA)

다 경제적 생존 대책이었던 셈이죠. 그런데 이런 규제가 일찍이
이뤄지면서 에너지 효율과 관련한 산업의 발전으로 이어지기도
했습니다."

–라스무스 헬비 피터슨 (덴마크 국회 기후에너지유틸리티위원장)

마우누스 호이비어 메어닐드(덴마크 녹색청 커뮤니케이션 총괄)은
석유파동이 에너지전환에 대한 초당적 합의를 넘어 사회적 공감
대로 이어졌다고 덧붙였습니다.

"단 하루 만에 석유 가격이 감당할 수 없을 만큼 치솟는 것을 보면서 정부도, 기업도, 국민도 깨달음을 얻게 됐습니다. '이젠 안 되겠다'라는 생각 말입니다. 그렇다 보니 덴마크의 녹색 에너지 전환은 어떤 커다란 사명감에서 비롯된 것이 아니라 정말 필요했기에, 안보의 차원에서 시작한 것이죠. 오늘날 우크라이나 사태에서 비롯된 에너지 안보 위기는 당시의 석유파동으로 인한 에너지 안보 위기를 떠올리게 했고요.

덴마크에 환경부가 처음 만들어진 것은 1971년이었습니다. 이후 녹색 에너지전환을 실행하기 위한 민관 협력은 환경부를 중심으로 이뤄지기 시작했고, 그렇게 1970년대 초는 에너지전환의 기틀을 다지는 시기가 됐습니다.

석유파동으로 화석연료의 수급 불안이 커지자, 당시 국제사회에선 원자력발전에 대한 개발이 매우 활발하게 이뤄졌습니다.

다른 유럽 국가와 마찬가지로 덴마크 역시 1970~80년대 공기업 주도로 원자력발전 연구를 활발히 진행했고요. 하지만 원자력발전에 대한 불안감을 가진 시민들이 'No to Nuclear'라는 노란 패치를 달고 거리에 나와 집회를 자주 열었습니다. 덴마크와 인접한 스웨덴의 경우 여전히 원자력발전을 하고 있지만, 덴마크는 시민사회의 반대로 1985년 '원자력발전 철폐'라는 슬로건 하에 원전과 거리를 두기 시작했습니다. 어찌 보면, 당시 정부가 단호히 원전 반대 결정을 내린 덕분에 풍력발전과 에너지 효율 개선에 더욱 많은 신경을 쓰지 않았나 싶습니다."

–마우누스 호이비어 메어닐드 (덴마크 녹색청 커뮤니케이션 총괄)

　정부와 의회가 오랜 기간 재생에너지로의 전환에 집중할 수 있었던 이유는 유권자의 표심에 있었습니다. 2019년에 진행된 선거는 현지에서 '기후 선거', '녹색 선거'라는 이름으로 불렸습니다. 통상 전 유럽에 걸쳐 유권자들이 투표할 때 가장 눈여겨보던 어젠다는 크게 '공중보건정책'과 '이민정책'이었는데, 당시 유권자의 60%가 '후보의 기후 환경 정책이 마음에 들어 뽑았다'라고 했을 정도였죠.

　메어닐드 총괄은 "이러한 표심이 정부로 하여금 녹색 전환에 더욱 박차를 가하게 만들었습니다. 좌우를 가리지 않고, 녹색 정책이 정부의 기본적인 기조가 된 것이죠. 그 결과 2030년까지 탄소 배출량을 70% 줄인다는 국가 온실가스 감축목표가 아예 법에 명시되기에 이르렀습니다. 국가 온실가스 감축목표(NDC)는 본래 법적 구속력이 없지만, 이를 명문화하게 되면 '책임'을 져야만 합니다. 지금의 정부도 향후 선거를 통해 새로 구성될 정부도 이를 지켜야만 하는 것이죠."라고 설명했습니다.

　만약 덴마크가 눈앞의 화석연료를 포기하지 않았다면, 우리나라가 탈화석연료를 통한 녹색성장을 실제 국가 정책의 기조로 유지해 왔다면, 덴마크와 우리나라의 각종 지표는 지금과는 큰 차이가 있었을 겁니다.

RE100은 그저
민간 캠페인에
불과하지
않나요?

에너지를 만드는 과정에서도, 이를 이용하는 과정에서도 우리는 직·간접적으로 온실가스를 뿜어냅니다. 이 에너지를 가장 많이 사용하는 분야는 무엇일까요. 바로 산업 부문입니다.

오늘날 산업 부문은 단순히 에너지를 필요로 하는 데 그치지 않고, 에너지전환을 촉구하는 상황에 이르렀죠. 정책을 만드는 이에게, 그러한 정책이 만들어지도록 영향을 미치는 이에게 '에너지전환을 해달라' 촉구하는 겁니다. 큰 의미에선 '지구'를 위해서, 좁은 의미에선 '이익'을 위해서입니다.

이젠 기업이 쓴 에너지가 만들어지는 과정에서 뿜어져 나온 온실가스에 대해 비용을 매기기 시작했으니까요. 이전까지 비용을 이유로 재생에너지에 별다른 관심을 두지 않았다면, 이젠 비용을 이유로 관심을 넘어 필요성을 인지하기 시작한 겁니다.

기업이 기업 스스로의 역할과 더불어 정부와 시민사회의 역할을 촉구하는 일, 해외에선 쉽게 찾아볼 수 있는 일입니다. 기업들의 촉구 이후 실제 에너지 정책이 달라지다 보니, 얼핏 이들의 목소리가 시민사회의 목소리보다 훨씬 커 보일 정도입니다. 적극적으로 기업의 목소리를 내는 사례로는 이웃 나라인 일본을 꼽을 수 있습니다.

지난 2020년 우리나라의 전경련(전국경제인연합회) 격인 게이단렌(經團連, 일본경제단체연합회)은 정부의 재생에너지 확대를 촉구하는 성명을 발표했죠. 그해 11월 요시다 켄이치로 소니 회장은 일본 기후변화 이니셔티브의 대표로서 고노 다로 당시 행정개혁상에게 이렇게 말했습니다.

"일본에서 재생에너지를 조달하는 일이 너무 어렵다. 정부가 무언가를 해주지 않는다면, 일본을 떠날 수밖에 없다."

덴마크의 에너지기업 오스테드는 기존 석탄, 석유, 가스 중심의 사업 포트폴리오를 재생에너지로 전환하면서 〈정부와 민간이 탈탄소 전환을 촉진하는 방법〉이라는 보고서를 펴내기도 했습니다. 특히 "일부 지역에선 정부의 대응 부족이 녹색 전력 전환의 지연을 초래하고 있으며, 이는 희생과 대가를 수반한다."라며 전력 부문의 탈탄소를 위한 정부와 기업의 할 일을 정리했습니다.

오스테드가 언급한 정부의 역할 중 우리가 눈여겨볼 것으론 재생에너지 목표의 상향과 전력망의 현대화를 꼽을 수 있습니다. 정부의 발전 비중 목표는 재생에너지 업계의 움직임을 결정짓습니다. 정부가 목표를 높이면 자연스레 발전사업자는 사업 계획을 세우며, 발전설비 사업자는 이를 뒷받침하기 위한 태양광 또는 풍력 설비의 생산을 준비하게 됩니다.

반대로 정부의 목표가 낮아지면 어떻게 될까요. 관련 기업들은 사업철수 또는 신기술 개발 중단을 고민할 수밖에 없습니다. 이런 상황에서 RE100은 민간 캠페인 그 이상의 영향력을 갖게 됐습니다.

국내에서 RE100이 처음 화두로 떠오른 것은 지난 2022년 2월 대선후보 토론회에서의 일이었습니다. '그것도 모르냐'라는 사람들과 '그것까지 알아야 하냐'라는 사람들 사이 한바탕 여론전이 벌어지고, RE100은 다시 사람들의 기억에서 잊혀졌죠.

RE100이 다시 검색어 상위권에 등장한 것은 그로부터 반년이 더 지나서의 일이었습니다. 2022년 9월 삼성전자가 RE100에 가입한 것입니다.

삼성전자가 국내 최초로 RE100에 가입한 것도 아니었습니다. 이미 그에 앞서 22개 우리나라 기업이 RE100에 가입한 상태였으니까요. 어째서 23번째 가입이 큰 반향을 부른 것일까요. 기업이 사용하는 전력을 100% 재생에너지로 충당하겠다는 것인 만큼, 각 기업의 전력 사용량을 보면 그 답을 알 수 있습니다.

2020년 기준 RE100에 가입한 우리나라 기업의 전력 사용량을 전수 조사했습니다. 삼성전자의 전력 사용량은 22.9TWh에 달합니다. 기존 22개 가입사 가운데 전력 사용량이 가장 많은 SK하이닉스(9.9TWh)의 2배를 훌쩍 넘을뿐더러, 기존 전력 사용량 Top 3 기업의 연간 사용량을 합친 것보다도 많습니다. 삼성전자의

RE100 가입이 갖는 무게감이 남다를 수밖에 없는 이유입니다.

이렇게 RE100에 가입한 기업 23곳이 2020년 한 해에 사용한 전력은 61.5TWh에 달합니다. 서울시의 모든 가정에서 쓴 전력량(14.6TWh)의 4배가 넘을뿐더러, 우리나라의 재생에너지 발전 총량(43.1TWh)의 1.43배에 이릅니다. 문제는 재생에너지를 필요로 하는 기업이 이들 23곳만이 아니라는 겁니다.

우리나라에서 경제 활동을 벌이는 기업 중엔 해외 글로벌 기업도 있습니다. 이들 중에서도 마찬가지로 RE100에 가입한 회사들이 있죠. 2020년 기준 국내에서 활동 중인 'RE100 가입' 해외 기업의 수는 40곳에 이릅니다. 또한 '한국형 RE100'에 가입한 기업의 수는 64곳이나 됩니다. 이들 역시 재생에너지를 필요로 하는 곳들입니다.

'기업들이 보여주기식으로 선언하는 것에 괜한 호들갑 떠는 것 아니냐?'라는 비아냥도 있습니다. 하지만 현실은 생각보다 냉혹합니다. RE100은 기업의 자발적 약속으로 시작했지만 민간차원의 규제로 작용한 지 오래입니다. 어떤 면에선 국가나 정부의 규제보다 더 강력하고, 빠른 확산을 부르는 것으로 보일 만큼요.

RE100의 규제적 성격이 부각된 계기는 애플의 RE100 가입이었습니다. 지난 2020년 애플은 2030 탄소중립을 선언했습니다. 애플은 이미 자체적인 전력 사용량의 대부분을 재생에너지로 충

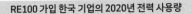

RE100 가입 한국 기업의 2020년 전력 사용량

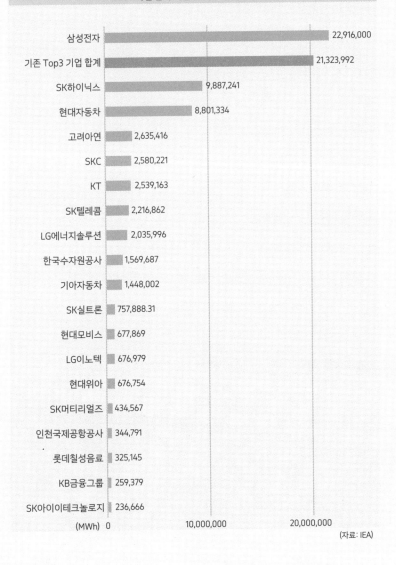

기업	사용량
삼성전자	22,916,000
기존 Top3 기업 합계	21,323,992
SK하이닉스	9,887,241
현대자동차	8,801,334
고려아연	2,635,416
SKC	2,580,221
KT	2,539,163
SK텔레콤	2,216,862
LG에너지솔루션	2,035,996
한국수자원공사	1,569,687
기아자동차	1,448,002
SK실트론	757,888.31
현대모비스	677,869
LG이노텍	676,979
현대위아	676,754
SK머티리얼즈	434,567
인천국제공항공사	344,791
롯데칠성음료	325,145
KB금융그룹	259,379
SK아이이테크놀로지	236,666

(MWh) 0   10,000,000   20,000,000

(자료: IEA)

당하고 있었고, 기업 전체의 탄소배출을 '넷 제로'로 만드는 준비를 마친 상태였습니다. 2019년 기준 애플의 온실가스 배출 가운데 76%는 폭스콘 등 협력사의 제품 제조 과정에서 뿜어져 나왔습니다. 애플이 직접 뿜어내는 것은 이미 4%가 채 되지 않았던 것입니다.

애플의 선언은 애플만의 RE100 달성과 탄소중립만을 의미한 것이 아니었습니다. 애플에 부품을 납품하거나 애플의 제품을 생산하는 협력사들에 RE100과 탄소중립을 공식적으로 요구하는 일이기도 했죠. 실제 당시 SK하이닉스와 대상에스티는 애플의 협력업체 청정에너지 프로그램에 참여하기도 했습니다.

삼성전자는 또한 2022년 9월 '신 환경경영전략' 선언을 통해 2050년까지 탄소중립을 달성하겠다고도 했죠. 애플과 마찬가지

로 다른 여러 기업과 협력관계를 맺는 만큼 이는 삼성의 제품에 부품을 공급하는 기업의 RE100, 탄소중립으로 이어질 수밖에 없습니다.

기업의 RE100 가입은 그저 '보여주기식'의 홍보 이슈가 아닙니다. 기존 투자자를 유지하고, 새로운 투자자를 유치하고, 기존의 협력사나 고객사와의 관계를 유지하거나 새로 확장하기 위해 필수적으로 필요한 일입니다. 그 약속을 믿고 투자자와 협력사, 고객사가 계약을 체결하는 것이기에 그 약속의 이행을 반드시 보여줘야만 하는 것이죠.

대량의 재생 전력이 필요한데, 전력 공급의 결정권이 정부에 있는 상황에서 당장 엄청난 양의 전력을 쓰고 있는 삼성전자로서도 'RE100에 가입합니다'라는 말만 할 수는 없었을 겁니다.

'그 전력은 어디서 구해올 것인데?'에 대한 답이 필요하기 때문이죠. 결국 삼성전자 역시 '신 환경경영전략'을 발표하며 자신들의 할 일과 더불어 정부와 시민사회의 역할도 강조했습니다. 정부는 재생에너지 공급을 확대해야 하며, 시민사회는 재생에너지 확대에 대한 이해와 협조를 해야 한다고요.

삼성전자의 전력 사용량은 해마다 늘어나고 있습니다. 당시 발표에선 반도체 생산라인을 늘릴 것이라고도 밝혔습니다. 앞으로의 전력 사용량 역시 늘어날 가능성이 높은 겁니다. 또한 '재생

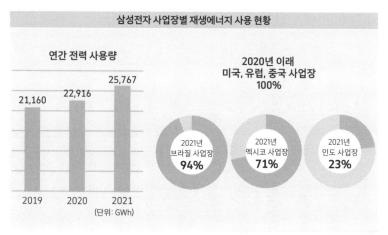

에너지가 주력 발전원이 되는 것은 불가능하다'라는 국내 일부의 생각과 달리, 삼성전자의 해외 사업장은 RE100의 이행이 순조롭게 진행 중입니다. 미국과 유럽, 중국에선 2020년 이래 모든 전력을 재생에너지로 조달하고 있습니다. 개도국 사업장에서마저도 재생에너지의 비중은 매우 높은 편입니다. 이를 발판 삼아 2025년까지 해외 사업장 전체의 RE100을 달성하겠다는 목표를 갖고 있죠. 소니가 자국 장관에게 "재생에너지를 확대하지 않으면 일본을 떠날 수 있다."라고 경고한 것과 삼성이 해외 사업장의 재생에너지 사용 비중을 공개한 것 중 무엇이 더 '묵직한 한 방'일까요.

기업들은 에너지전환을 어떻게 바라보나요?

글로벌 컨설팅 기업 베인앤드컴퍼니는 〈글로벌 에너지 및 천연자원 리포트 2022〉 보고서에 세계 각지의 글로벌 에너지 및 자원 기업 경영자 1,000여 명을 대상으로 한 설문조사 결과를 담았습니다.

그 누구보다 최근의 시장 변화 흐름을 잘 파악하고, 몸소 체험하는 이들에게 에너지전환과 탄소중립에 관한 생각을 물은 겁니다. 다양한 질문들에 대해 기업인들이 내놓은 답변을 종합하면 다음과 같이 정리할 수 있습니다.

"탄소중립은 달성해야 할 매우 중요한 목표이며, 그 이행 과정은 기업에 큰 변화를 불러올 것이다. 우려스러운 부분도 있지만, 우리 기업은 남들보다 더 잘 헤쳐 나갈 수 있을 것이다. 기업 자체의 온실가스 감축과 재생에너지의 확대는 목표 달성에 큰 영향을 미칠 중요한 요소로 이를 통해 새로운 성장 동력, '제2의 엔진'을 찾을 것이다."

전체 경영자들이 평균적으로 예상하는 탄소중립 달성 시점은 2057년이었습니다. 응답자의 42%는 2050년에 탄소중립을 달성할 것으로 내다봤고, 25%는 2070년에도 탄소중립 달성이 쉽지 않으리라고 내다봤습니다. 그러나 온실가스 감축에 대한 진전에

글로벌 에너지 및 천연자원 리포트 2022 설문조사

탄소중립에 대한 글로벌 기업 경영자들의 의견

경영자의 42%
2050년,
글로벌
탄소중립
달성할 것

전체 경영자 평균
2057년,
글로벌
탄소중립
달성할 것

경영자의 25%
2070년에도
탄소중립
달성 어려울 것

2022   2050   2057   2070 →

산업계는 2030년까지
탄소중립을 향한
진전을 이룰 것

scope 1+2 배출의
감축은 우리 기업의
최대 우선순위

2030년까지
신성장 비즈니스,
즉 '제2의 엔진'은
기업에 큰 기여를 할 것

탄소중립 선언은
매우 중요

재생에너지는
우리 기업에
큰 영향을 미칠 것

2030년까지 신성장
비즈니스의 규모를
더욱 키워나갈 것

우리 기업은
세계 평균보다 더 빠르게
탈탄소에 나설 것

향후 10년간
자사 내 큰 변화를
맞을 것

(자료: Bain & Company)

는 산업계의 자신감도 엿보였습니다. 96%가 "2030년까지 탄소 중립을 향한 진전을 이룰 것"이라고 답했고, 88%가 "Scope 1(직접 배출)과 Scope 2(간접배출)를 줄이는 것이 기업의 최대 우선순위"라고 했습니다. 또 61%나 되는 기업이 "우리 기업은 세계 평균보다 더 빠르게 탈탄소에 나설 것"이라고 응답했습니다. '2030년까지 14.5% 감축'이라는 목표에 산업계를 넘어 정계에서조차 반발이 나온 우리나라의 모습과는 너무도 달랐습니다.

기업들의 이런 생각은 국내에서도 마찬가지입니다. 한국사회 책임투자포럼과 유엔글로벌콤팩트 한국협회, 세계자연기금 한국 본부가 지난 2020년 공동 발족해 만든 기업 재생에너지 이니셔티브(CoREi)는 2022년 7월 〈재생에너지 조달 현황 및 제도에 대한 기업의 인식〉 설문조사 보고서를 발표했습니다. 한국 기업과 한국에 사업장을 운영 중인 글로벌 협력사 등 61개 기업을 대상으로 조사한 결과입니다.

당장 기업들은 자의든 타의든 재생에너지를 구해야만 하는 상황인 것으로 나타났습니다. 전체 응답 기업의 3분의 2가량이 자체적인 '재생에너지 100%' 달성 시점을 정해둔 상태였습니다. ESG경영에 대응하기 위해서 탄소국경세와 같은 글로벌 규제나 협력사 또는 고객사의 요구에 대응하기 위해서라도 어떻게든 재생에너지를 확보해야 하는 것이죠. 기업의 이 같은 수요에도 불

재생에너지 조달 현황 및 제도에 대한 기업의 인식 설문조사

국내 61개 기업 대상 설문

RE100 참여,
재생에너지 전환이 필요

다소 필요 36%
반드시 필요 62%

재생에너지 조달 제도는
개선이 필요

다소 필요 36%
반드시 필요 62%

미래 재생에너지 수요는
늘어날 것

늘어날 것 39%
크게 늘 것 56%

"무엇부터
개선해야 할까?"

38% "정부의 재정적, 제도적 지원 확대" 24% "재생에너지 가격 현실화"
21% "재생에너지 공급 확대" 6% "경영진 인식 개선"

국내 39개 기업 대상 추가 설문

RE100 참여, 재생에너지 활용이
기업의 장기 경쟁력에 긍정적 영향

다소 긍정적 53%
매우 긍정적 41%

미래에도 재생에너지 공급은
부족할 것

부족 56%
매우부족 38%

국내 기업이 해외 수준으로
재생에너지를 조달하려면 필요한
2030년 목표 비중은?

50%는 돼야 33%
35%는 돼야 21%
40%는 돼야 33%
45%는 돼야 13%

(자료: CoREi)

구하고 우리나라의 재생에너지 발전 비중은 아직도 10%를 넘지 못하고 있습니다. 이들 기업이 '재생에너지 100%'를 목표로 하는 시점은 평균 2045년이었습니다.

기업들의 생각을 보다 면밀히 들여다보겠습니다. 거의 모든 기업은 재생에너지로의 에너지전환이 필요하고, 그러한 변화가 기업의 장기 경쟁력에 긍정적인 영향을 미칠 것이라 보고 있었습니다. 지금의 재생에너지 조달 제도에 대해선 거의 모든 기업이 "개선이 필요하다."라고 응답했는데요, 무엇보다 정부의 재정적, 제도적 지원 확대(38%), 재생에너지 가격 현실화(24%), 재생에너지 공급 확대(21%)를 시급한 개선점으로 꼽았습니다.

기업 재생에너지 이니셔티브(CoREi)는 전체 응답 기업 중 39개

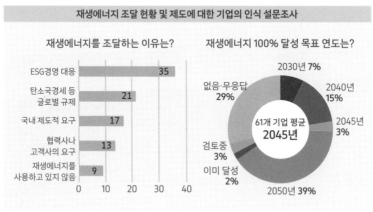

재생에너지 조달 현황 및 제도에 대한 기업의 인식 설문조사

재생에너지를 조달하는 이유는?

- ESG경영 대응 35
- 탄소국경세 등 글로벌 규제 21
- 국내 제도적 요구 17
- 협력사나 고객사의 요구 13
- 재생에너지를 사용하고 있지 않음 9

재생에너지 100% 달성 목표 연도는?

61개 기업 평균 2045년

- 2030년 7%
- 2040년 15%
- 2045년 3%
- 2050년 39%
- 이미 달성 2%
- 검토중 3%
- 없음·무응답 29%

(자료: CoREi)

기업을 대상으로 추가 설문을 진행했는데요, 미래에도 재생에너지 공급이 부족할 것이란 예상이 지배적이었습니다.

탄소중립을 선언하고, 재생에너지의 대대적인 확대를 천명했던 이전 정부 시절에도 재생에너지의 확산세가 미미했는데, 이후 '재생에너지 목표 비중 축소, 원전 목표 비중 확대'를 내세운 새 정부가 등장하면서 기업의 우려는 커질 수밖에 없어 보입니다.

해외에서처럼 재생에너지 조달이 쉬워지려면, 2030년 재생에너지의 발전비중이 얼마나 되어야 할까 묻는 질문에 "40%는 돼야 한다."라는 응답과 "50%는 돼야 한다."라는 응답이 각각 33%로 가장 많았습니다. 39개 기업 평균으론 43%에 달합니다. 이는 문재인 정부에서 만든 2030 NDC(재생에너지 비중 30.2%)로도 한참

부족한 수준입니다. 여기에 윤석열 정부는 재생에너지 목표를 더욱 낮춘 상태이고요.

2022년 7월 공개된 대한상공회의소의 〈수출기업의 공급망 ESG 실사 현황과 과제〉에서도 국내 수출기업 300곳의 의견을 살펴볼 수 있습니다. 수출기업들은 이미 ESG 경영에 대한 상당한 압박을 받는 것으로 나타났습니다.

절반 넘는 기업이 "ESG 경영 수준 미흡으로 고객사나 원청기업으로부터 계약이나 수주가 파기될 가능성이 높다."라고 응답한 것이죠. 이러한 위기의식과 달리, ESG 컨설팅이나 실사, 진단 및 평가에 나선 기업은 매우 적은 것으로 드러났습니다.

이는 정부의 적극적인 역할이 요구되는 부분입니다. 정부 차원에서 ESG 경영과 관련한 글로벌 지표를 분석하는 한편, 그에 발맞춘 우리나라만의 스탠다드를 마련해야 하는 것이죠. 이는 비단 기업만을 위한 일이 아닙니다. 국가 온실가스 배출을 관리하고, 국제사회에서 관련 어젠다의 리더십을 확보하는 측면에선 정부에도 큰 도움이 되는 일입니다.

탄소중립을 선언한 문재인 정부와 뒤이어 들어선 윤석열 정부 모두 온실가스 감축과 관련해 산업계의 부담을 완화하는 것을 강조해 왔습니다. 하지만 정부가 산업 부문의 감축목표를 낮추는 것만이 산업계의 부담을 줄이는 게 아닙니다.

기업이 ESG 환경 이슈로 가장 중요하게 꼽은 탄소배출의 걱정을 덜어줘야만 하는 것이죠. 정부 차원의 대대적인 재생에너지 확대만으로도 이 걱정은 줄여줄 수 있습니다. 기업으로선 평소와 똑같이 전력을 사용하고, 기타 경제활동을 하더라도 Scope 2 배출량을 줄일 수 있으니까요. 더 이상 고객사나 원청기업의 RE100 압박에 움츠러들 필요도 없어지는 것은 덤입니다.

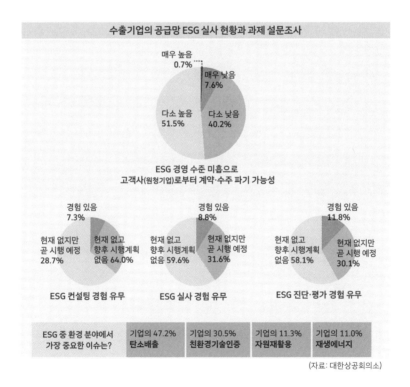

(자료: 대한상공회의소)

2022년 7월 공개된 〈새 정부 기후·에너지 정책 방향〉의 주요 내용은 다음과 같습니다.

① 2030년 온실가스 감축목표인 40%는 그대로 유지

② 전환(발전) 부문을 비롯, 타 부문의 감축량을 늘려 산업 부문의 감축 부담을 축소

③ 발전 부문에 있어 원자력발전의 비중은 30% 이상으로 높이고, 신재생에너지의 비중은 기존 목표인 30.2%에서 합리적 조정

④ 화석연료의 수입 의존도를 81.8%에서 2030년 60%대로 낮추기

⑤ 온실가스 배출권의 유상 할당 비중을 2026년부터 확대

산업계가 실제 감축 부담의 완화를 체감할 수 있을 만큼 다른 부문의 감축을 더 강화하는 것은 결코 쉬운 일이 아닙니다. 원전의 발전비중을 발표 당시 기준점인 2021년보다 4%포인트, 기존 2030년 목표보다 6%포인트 높이는 것만으로는 충분치 않은 겁니다.

게다가 또 다른 탈탄소, 무탄소 전원인 신재생에너지의 2030년 목표를 하향하는 것은 산업계의 감축 부담을 줄이는 일에 전혀 도움이 되지 않습니다. 수송 부문의 배출량을 기존 목표보다 더 줄이려면, 이를 통해 산업계가 '덕분에 온실가스 감축 부담이 줄어들었다'라고 체감하려면, 보다 공격적인 전기차 전환 정책이

뒤따라야 합니다. 그리고 그렇게 된다면 전력 수요 역시 종전의 계산보다 더 빠르게 늘어난다는 뜻이죠. 발전 부문에서는 온실가스는 더 줄이면서 발전량은 더 늘려야 하는 '이중고'가 되는 셈입니다.

설령, 각 부문이 어떻게든 산업 부문의 감축 부담을 대신 짊어지는 데 성공했다고 했을 때, 산업계는 미소 지을 수 있을까요. 온실가스 감축의 부담을 줄인 대신, 당장 대(對) EU 무역 과정에서 그에 대한 비용을 지불할 수밖에 없습니다. 국내 온실가스 배출권 거래제에서 유상 할당의 부담을 2026년으로 늦춘 대신, EU에 지불해야 할 그 비용은 더 늘어날 수밖에 없습니다. EU는 덕분에 역내 온실가스 감축에 투입할 재원을 마련할 수 있을 테죠. 우리 스스로도 감축에 쓸 돈이 부족한 마당에 다른 나라의 주머니를 불려주는 셈입니다.

이제 목표나 계획의 발표만으로 충분한 시기는 지났습니다. 2030년까지 '2018년 대비 40% 감축'이라는 목표를 세웠는데 시점이 얼마 남지 않았고, 2025년엔 국제사회에 새로이 2035년 국가 온실가스 감축목표를 수립해 제출해야 합니다. 정책이 효과를 보이고, 온실가스 배출량, 글로벌 투자기관의 국내 기업에 대한 투자 규모, 국내 기업이 해외에 지불하게 될 탄소세 성격의 비용, 우리나라 기업이 국내외에서 이용하는 에너지믹스의 차이 등 모든 것은 숫자로 확인될 겁니다. 우리는 과연 어떤 성적표를 받을까요? 국제사회로부터 '기후 악당(Climate Villain)'이라 불리던 꼬리표를 떼어낼 수 있을까요.

팩트체크 **5**

**정말 기업이
재생에너지를
이유로 한국을
떠날 수도
있나요?**

지금이 탄소중립 선언 직전인 2019년이었다면 모를까, 어느덧 2020년대의 중반을 보내고 있습니다. 세계의 흐름은 이제 '기업이 쓰던 전력을 100% 재생에너지로 조달하겠다'라는 단계를 넘어섰습니다. 국가 내에서 사용되는 전기의 대부분을 재생에너지로 조달하려는 국면에 접어들었습니다.

OECD 평균 재생에너지 발전 비중이 31%를 넘어선 시점에서, 글로벌 기업들은 본격적인 탈탄소에 나서고 있습니다. 기업이 사용하는 에너지의 종류는 다양합니다. 전력만 끌어다 쓰는 것이

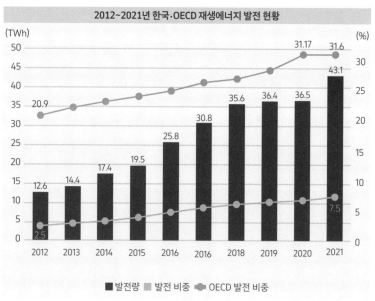

2012~2021년 한국·OECD 재생에너지 발전 현황

(자료: 한국전력공사, Ember)

기후 블랙홀

아닌 거죠. 열(스팀)을 필요로 하기도 하고, LNG나 석유를 직접 가져다 쓰기도 합니다. 그런데 석유와 같은 화석연료의 이용은 곧 '탄소배출'을 의미합니다. 결국 기업은 자신들이 사용하는 다른 에너지원의 '대체재' 또한 찾아야 하는 겁니다.

삼성전자가 RE100에 가입하기 이전까지 전력 사용량 1, 2위를 기록했던 SK하이닉스와 현대자동차의 에너지 사용 현황을 살펴 봤습니다. SK하이닉스는 전체 사용 에너지 가운데 전력의 비중 이 매우 컸지만, 스팀과 LNG 수요도 분명 존재합니다. 현대자동

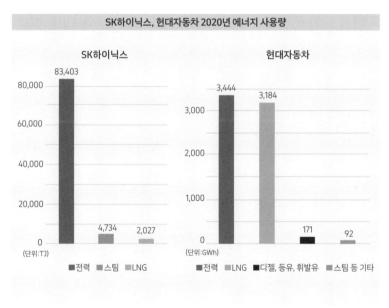

(자료: SK하이닉스, 현대자동차)

차는 전력 사용량과 화석연료 사용량이 비슷할 정도입니다. 스팀도, LNG도, 석유도 기본적으로 '열'을 얻기 위해 쓰이는 에너지원입니다. 그리고 이들 에너지원을 탄소배출 없이 대체할 수 있는 것은 곧 전력, 좀 더 정확히는 재생에너지로 만든 전력이고요.

안 그래도 기업의 전력 사용량이 늘어날 가능성이 높은데, 기존에 쓰던 화석연료를 전기로 대체(전기화)한다면? 산업 부문의 재생에너지로 만든 전력에 대한 수요는 우리의 상상을 뛰어넘을 만큼 더 늘어날 수 있습니다. 또한 더는 기업이 'RE100 가입 선포'에 스스로 만족을 느낄 여유가 없습니다. 글로벌 기업들은 '넷 제로'를 만들기 위한 본격적인 움직임에 나섰으니까요. 이를 놓고 심각한 고민을 거듭한 후, 신속한 대책을 마련해야 하는 상황입니다.

Scope 1, 2, 3은
무슨 뜻인가요?

산업 부문의 온실가스 배출은 Scope 1, 2, 3으로 구분됩니다.

Scope 1은 기업의 담벼락 안에서 뿜어져 나오는 온실가스로, 공장 등 시설을 가동하는 데 직접 화석연료를 이용해 배출되거나, 기업 소유 차량이 직접 뿜어내는 온실가스를 의미합니다.

Scope 2는 간접배출로, 기업 담장 안의 활동으로 인해 간접적으로 뿜어져 나오는 것을 말합니다. 공장에서 전기를 쓰는 행위가 대표적입니다. 이 행위가 이뤄지는 것은 기업의 담벼락 내부지만, 그 전기를 만드는 발전소는 외부에 있기에 '간접배출'이라 하는 겁니다. 즉, RE100은 Scope 2 차원의 탄소중립을 의미합니다.

Scope 3은 담장 밖에서 비롯되는 배출을 총칭합니다. 임직원의 출퇴근 또는 출장, 하청업체의 부품 생산 또는 조립, 원자재의 생산 등 '업스트림(제품 제조 과정)'의 배출뿐 아니라 완성품의 운송·유통·판매와 더불어 소비자가 이를 사용하고, 폐기에 이르기까지의 '다운스트림(제품 유통, 사용, 폐기까지의 과정)' 배출을 모두 포함하는 개념이죠.

현재 글로벌 차원의 기업활동을 벌이고 있는 국내 기업 대부분은 지속가능경영보고서를 해마다 펴내고 있습니다. 우리가 흔히 이야기하는 'ESG 경영'을 어떻게 하고 있는지가 담긴 보고서입니다. 여기엔 기업이 에너지를 얼마나 사용했는지, 온실가스 배출은 얼마나 했는지 상세히 담깁니다. ESG 머리 글자의 첫 번째인

E(환경)에 해당하는 내용이기 때문입니다. 그럼 삼성전자를 비롯한 국내 RE100 가입 기업 중 전력 사용량 Top 3의 Scope별 배출량은 어떨까요.

2020년 기준 현대자동차의 Scope 1 배출량은 71만 6,237t, Scope 2 배출량은 168만 79t을 기록했습니다. SK 하이닉스의 경우, Scope 1 배출은 271만 1,000t, Scope 2 배출은 483만 7,000t을 기록했습니다. 삼성전자도 Scope 1 배출은 572만 6,000t, Scope 2 배출은 907만 9,000t으로, 공히 Scope 1보다 Scope 2의 배출이 많았습니다. 공장 내 직접 배출보다 전력 사용을 하는 과정에서의 배출량이 더 많은 겁니다. 기업이 공정의 전환에 나서는 것도 중요하지만, 결정적으로 청정 전력의 사용이 기업의 온실가스 배출량을 좌지우지하는 셈입니다.

하지만 기업의 Scope 2 배출 감축을 어떻게 실현하느냐는 질문에 대한 답을 기업에서만 찾는 건 현실적으로 불가능합니다. 우리나라는 어떤 발전원에서 얼마만큼 전력을 생산할 것인지, 앞으로의 계획을 정부가 결정합니다. 다시 말해 기업의 온실가스 감축 성패는 정부의 정책과 직결되는 것이죠. 이런 상황에서 저조한 재생에너지 확산 속도의 책임을 특정 기업에만 묻기는 어렵습니다.

2012년 우리나라의 재생에너지 발전 비중은 2.5%에 불과하다가 2021년 7.5%까지 증가했습니다. 그러나 OECD 평균 재생에

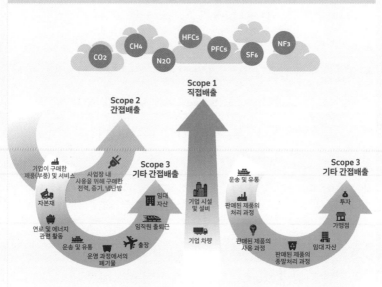

기업의 온실가스 배출 구분

CO2 CH4 N2O HFCs PFCs SF6 NF3

Scope 1
직접배출

Scope 2
간접배출

Scope 3
기타 간접배출

기업이 구매한
제품(부품) 및 서비스

사업장 내
사용을 위해 구매한
전력, 증기, 냉난방

자본재

연료 및 에너지
관련 활동

운송 및 유통

운영 과정에서의
폐기물

임대
자산

임직원 출퇴근

출장

기업 시설
및 설비

기업 차량

Scope 3
기타 간접배출

운송 및 유통

판매된 제품의
처리 과정

판매된 제품의
사용 과정

판매된 제품의
종말처리 과정

투자

가맹점

임대 자산

◄─── **Upstream** (제품 제조 과정) ───►   ◄─ **Downstream** (제품 유통, 사용, 폐기까지) ─►

Scope 1: 기업 시설 및 차량 등의 배출량(기업 담벼락
          안에서의 배출)
Scope 2: 이 과정에 쓰이는 전기를 만드는 과정에서의 배출량
Scope 3: 임직원 출퇴근 및 출장, 고객사, 협력사 및 하청업체,
          원자재 및 부품 생산 과정에서의 배출량

Scope 3: 완성품의 운송 및 판매,
          폐기시까지 사용 과정에서의
          배출량

(자료: GHG Protocol)

너지의 발전 비중은 2021년에 31.06%에 달합니다. 우리나라는 '제자리 걸음' 수준에 그친 것입니다. 이 기간 우리나라엔 녹색성장을 외친 정부도 있었고, 탄소중립을 선언한 정부도 있었습니다. 하지만 그때나 지금이나 'OECD 평균'에 한참 못 미치는 것은 마찬가지입니다.

2018~2021년 3년 새 새로 설치된 풍력발전기의 규모를 살펴보더라도, 우리나라는 제자리걸음을 이어갔습니다. 우리가 간신히 0.4GW 규모의 발전설비를 새로 설치한 사이, 일본은 1GW를 추가했고, 전 세계에서 원전에 가장 의지하는 나라로 손꼽히는 프랑스조차 3.8GW 규모의 풍력발전기를 더 설치했습니다.

결국 RE100에 가입한 우리나라 기업들은 걱정이 커질 수밖에 없습니다. 계속해서 대규모 공급 계약을 유지하기 위해, 수출 경쟁력을 뺏기지 않고자 절실한 마음에 가입했는데 끌어다 쓸 재생에너지는 턱없이 부족하니 말입니다. 기업이 생존을 위한 마지막 선택으로 '탈화석연료', '탈탄소'에 이어 '탈대한민국'을 결정하면 어떻게 하나 우려가 될 수밖에 없는 이유입니다.

우리나라는
재생에너지 입지가
안 좋다는데요?

재생에너지 확대를 두고 항상 등장하는 반대 의견이 있습니다. "한반도는 사계절이 뚜렷하고, 장마가 있어 태양광발전에 적합하지 않다.", "바람 또한 그리 강하지 않다."라는 이야기입니다. 그런데 사계절과 장마가 한반도에만 있는 건 아닙니다. 계절은 우리와 위도가 비슷한 지역 모두에서 똑같이 바뀝니다. 장마는 동북아 몬순 지역의 공통된 기후 특성이고요.

IPCC는 6차 평가보고서에서 지역별 재생에너지 잠재력에 관한 내용도 담았습니다. 태양광과 풍력발전의 잠재량을 표현한 지도에서 한국은 우리가 생각하는 것처럼 '최악의 입지'는 아니었습니다. 충분한 경쟁력이 있는 곳이었죠.

세계은행 산하 에너지 부문 관리 보조 프로그램(ESMAP, Energy Sector Management Assistance Program)이 제공하는 에너지 정보인 글로벌 솔라 아틀라스(Global Solar Atlas)에 따르면, 우리나라의 하루 평균 일사량은 $3.99kWh/m^2$입니다. 재생에너지로의 에너지전환을 선도하고 있는 독일($2.95kWh/m^2$)보다도 높습니다. 에너지전환에 적극적인 영국은 그보다도 낮은 $2.59kWh/m^2$의 일사량을 기록하고 있고요. 이웃 나라 일본도 $3.61kWh/m^2$, 재생에너지와 원자력 등 무탄소 발전원 전체의 확산에 집중하고 있는 프랑스도 $3.48kWh/m^2$ 정도입니다. 모두 우리나라보다 햇빛 자원이 더 적습니다.

한반도의 바람은 역사적으로 강한 바람과 파도로 유명한 유럽의 북해에 비할 바는 못 되지만, 발전 사업을 못 할 정도는 아닙니다. 해외 재생에너지 사업자는 우리나라의 풍질에 대해 다음과 같이 이야기했습니다.

"한국의 풍질이 북해만큼 좋은 것은 물론 아닙니다. 하지만 사업 타당성을 확보하기엔 충분할 정도죠. 해안선으로 멀어질수록 풍질은 더 좋아지고요. 아직 한국은 해상풍력발전 초기 단계인 만큼 발전단가는 높을 것으로 예상되지만, 점차 발전설비가 늘어날수록 이 역시 차차 내려갈 걸로 예상합니다. 그 때문에 한국 해상풍력의 시장성이 괜찮다고 판단하며, 이에 앞으로도 한국 시장에서 많은 노력을 기울일 계획입니다."

－라스 루스(CIP 어소시에이트 파트너)

(자료: Global Solar Atlas)

덴마크의 코펜하겐 인프라스트럭쳐 파트너스(CIP, Copenhagen Infrastructure Partners)는 에너지 인프라에 투자하는 펀드 운용사입니다. 덴마크의 국민연금을 주축으로 만들어진 곳인 만큼 투자에 신중할 수밖에 없는 곳입니다. CIP는 코펜하겐 해상풍력 파트너스(COP, Copenhagen Offshore Partners)라는 해상풍력 개발 및 운영사와 함께 움직이는데 CIP·COP는 이미 한국에서 여러 프로젝트를 진행 중입니다. 그리고 CIP·COP처럼 한국의 바람에 주목해 풍력발전 사업에 나선 해외 기업은 여럿입니다.

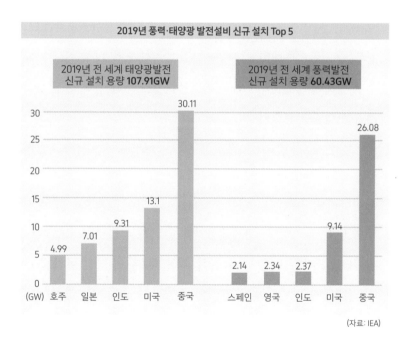

2019년 풍력·태양광 발전설비 신규 설치 Top 5

2019년 전 세계 태양광발전 신규 설치 용량 **107.91GW**

2019년 전 세계 풍력발전 신규 설치 용량 **60.43GW**

(자료: IEA)

"한국에서 개발 중인 부지에 1.6GW 규모의 풍력발전 사업을 계획하고 있습니다. 아시아 지역에서의 첫 대규모 프로젝트로 대만의 사례를 꼽을 수 있습니다. 현재 타이완 장화(彰化)에서 900MW 규모의 해상풍력 발전단지를 운영 중인데요, 인천에서의 1.6GW 프로젝트가 완료되면 이는 아시아 최대 규모의 해상풍력 발전단지가 됩니다. 연간 130만 가구에 공급할 수 있는 전력을 생산하게 되는데, 한국은 이를 통해 해상풍력의 리더로 거듭날 것입니다.

저희가 해외의 신규 시장에 진출할 때 가장 눈여겨보는 것으로 '일자리 창출'과 '지역 기업과의 성장'입니다. 그런데 한국 같은 경우에는 이미 풍력발전의 글로벌 공급망에 참여 중인 기업이 다수 포진되어 있죠. 이미 한국 기업들과 2조 3,000천억 원 규모의 계약을 체결한 상태입니다."

−잉그리드(라우머트 오스테드 수석 부사장)

우리나라의 풍력 잠재력을 바라보는 관점이 국내와 해외에서 너무나 달라 보입니다. 재생에너지에 주력하는 글로벌 기업뿐 아니라 프랑스 기업 토탈 등 여전히 화석연료가 주력인 글로벌 에너지 기업조차 한국의 풍력 시장에 진출하는 중이지만 여전히 국내에선 '우리나라에서 무슨 풍력발전이냐'라는 목소리가 지배적인 것이죠.

'한국에 재생에너지는 어울리지 않는다'라는 주장은 국내 재생에너지 산업의 발달을 막고 해외 사업자들에게 시장을 내어주기 위한 목적 외에는 근거를 찾을 수 없는 주장입니다. 우리가 정작 우리의 앞바다에 무관심한 지금의 상황이 누군가에겐 '절호의 기회'일 수 있습니다.

우리보다 풍질은 좋을지언정, 태양광 발전을 위한 입지 조건은 나쁜 덴마크조차 풍력과 태양광 모두를 늘리는 데 큰 힘을 쏟고 있습니다. 덴마크처럼 앞바다에 석유나 천연가스도 없는 한국이 재생에너지 확대에 적극 나서지 않는 이유는 무엇일까요.

우리가 늑장을 부리는 사이, 재생에너지의 주도권을 쥐기 위한 경쟁은 갈수록 치열해지고 있습니다. 그간 유럽이 쥐고 있던 초반 패권을 경계하기 위해 중국과 미국은 다른 나라와는 비교하기 어려울 만큼 재생에너지 확대에 열을 올리고 있죠. 그런데 태양전지 제조기업과 풍력터빈 제조기업도, 이를 통해 전국 각지에 전력을

해외 기업이 참여 중인 풍력 사업 프로젝트		
인천	전남	울산
덴마크 오스테드	영국 GIG	덴마크 CIP/COP
	덴마크 CIP	영국 GIG
	프랑스 토탈	프랑스 토탈
	캐나다 노스랜드파워	

보내는 전력 케이블의 글로벌 최고 수준의 기업도 모두 자리한 우리나라에서는 정작 이러한 위기의식, 시급함을 찾아보기 어렵습니다.

일반 시민뿐 아니라 산업계와 학계 등 곳곳에서도 '재생에너지는 우리나라에 어울리지 않는다'는 주장이 여전히 들립니다. 부디 '우리나라는 에너지 자립을 해서는 안 돼'라는 의도는 아니기를, 에너지의 대외 의존이 지속되어야만 본인의 기득권이 유지된다는 이기심에서 비롯된 주장이 아니기를 바라봅니다.

팩트체크 **8**

**더딘 재생에너지
확산 속도에
파산까지
한다고요?**

국내에서 재생에너지 확산은 더디기만 하고, 해외에선 중국 기업들이 빠르게 재생에너지 시장을 장악하면서 초창기 글로벌 리더였던 우리나라 재생에너지 기업들은 위기에 빠지고 말았습니다.

2022년 국내에서 가장 먼저 태양전지 사업에 나섰던 LG전자는 태양전지 사업 철수를 결정했고, 국내에서 유일하게 태양전지 소재인 웨이퍼를 공급했던 웅진에너지는 파산했습니다.

현장에서 느끼는 위기감은 어느 정도일까요. LG, 한화, 현대의 K-태양전지라는 트로이카 구도가 깨진 상황을 기업과 학계는 어떻게 바라보고 있는지 물었습니다.

"사실상 LG전자는 가장 먼저 태양광 사업을 시작했고, 태양전지의 효율이 굉장히 높지만 단가가 높았기 때문에 프리미엄 시장

쪽으로 확대하고 있던 기업이었습니다. 저희와도 선의의 경쟁을 하면서 지금까지 함께 커왔었죠. 하지만 올해 초 결국 사업 철수를 결정했을 땐 '굉장히 오랫동안 인내를 하고 있었구나'라는 것을 알 수 있었습니다. 왜냐하면 저희도 이와 비슷한 환경에 처해 있기 때문입니다. 이런 상황을 끝까지 버티냐, 안 버티냐의 차이였을 뿐이죠."

―정규창(한화큐셀 산업정책팀장)

"동종 업계 관계자로서 LG전자가 사업을 철수한 것을 매우 안타깝게 생각합니다. LG는 기술력의 관점에선 국내 탑 수준의 회사였음에도 불구하고, 중국의 막대한 영향력 확대로 원가 경쟁력이 뒷받침되지 않다 보니 사업 철수를 결정했을 거라 봅니다. 지금의 시장 상황이 그만큼 녹록지 않다는 거죠."

―정규진(현대에너지솔루션 영업기획팀장)

"LG전자가 사업 철수를 결정했을 때, 학교도 타격이 컸습니다. LG전자에서 연구하던 저희 제자들도 다 재배치를 받아 다른 분야로 가게 됐죠. 또 태양전지 기술 연구를 하는 대학원생들도 큰 영향을 받았습니다. 태양전지 연구가 좋아 시작을 한 학생들이지만, 이후 연구할 기반이 갖춰진 회사에 가고 싶어 하는 마음도 큰

데, 회사가 없어지면 영향을 받을 수밖에 없죠. 결국 이 분야에 대한 학생들의 관심이 적어지면 연구 자체가 위축될 수밖에 없기도 하고요."

-이해석(고려대학교 에너지환경대학원 교수)

중국의 영향력 확대는 LG전자의 사업 철수로, 웅진에너지의 도산으로 끝나지 않을 거라는 것이 이들의 공통된 우려였습니다.

"태양광 패널을 만들기 위해서는 웨이퍼가 반드시 필요한데, 웅진에너지라는 웨이퍼 회사가 무너졌지 않았습니까. 이미 자생할 수 없는 구조가 된 겁니다. 실제 당장 중국이 웨이퍼 공급을 끊는다면 저희 모든 회사는 모두 올스톱입니다. 이제 셀이 남았는데 이 셀도 지금 국내 몇몇 대기업만 생산하고 있죠. 그런데 웨이퍼에 이어 셀 산업까지 무너지면, 사실상 국내 태양광 에너지의 자립도는 없어지는 셈입니다."

-정규진(현대에너지솔루션 영업기획팀장)

"에너지 자립이라는 관점에서 생각하면, 우리는 태양전지 분야에서 기술 경쟁력을 충분히 가지고 있습니다. 그 때문에 태양전지에 대한 좀 더 지속가능한 R&D 지원이 필요한데, 가장 큰 단점은 모든 R&D가 기업을 따라가는 경향이 크다는 것이죠. 태양전지 사업을 하는 기업이 없어지면, 더 이상 태양전지를 연구할 수 있는 기반이 사라지게 됩니다. 결국 기업이 사업을 멈추고 R&D 지원이 줄어들면, 지금껏 20년 넘게 잘 갖춰왔던 기술이 사라지게 되는 안타까운 결과를 부를 수도 있는 겁니다."

−이해석(고려대학교 에너지환경대학원 교수)

중국이 원료부터 완성품을 넘어, 그 완성품의 소비에 이르기까지 태양광발전 밸류체인 전체를 장악할 수 있었던 배경은 무엇일까요. 전문가들은 '탄탄한 내수시장'과 '정부의 지원'을 그 이유로 꼽았습니다.

"2010년 초 중국이 각 성 정부에 태양광 쿼터를 할당하며 보급을 장려하기 시작했습니다. 그러면서 태양광 산업에 진입하는 기업들에 각종 지원을 병행해 산업 생태계 자체를 마련했죠. 강력한 내수시장 형성과 함께 기업들이 생산설비를 증설하면서 '규모의 경제'를 실현하게 됐고, 결국 가격 경쟁력과 기술 경쟁력을 동시에 확보할 수 있었던 겁니다.

내수시장이 확보되지 않으면 트랙 레코드(실적)를 쌓을 수 없습니다. 해외 수출을 할 때엔 그 레코드를 바탕으로 투자를 유인하고,

전 세계 발전원별 발전량 추이

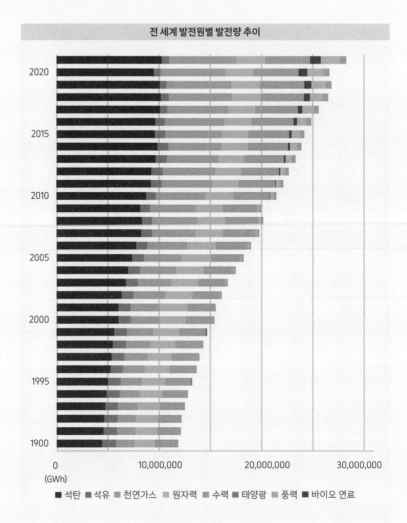

■ 석탄 ■ 석유 ■ 천연가스 ■ 원자력 ■ 수력 ■ 태양광 ■ 풍력 ■ 바이오 연료

(자료: IEA)

기술개발에 나설 수 있는데, 그런 내수시장이 없다면 수출 경쟁력도 사라지게 됩니다."

-정규창(한화큐셀 산업정책팀장)

"중국은 세계 최대의 내수시장을 확보하고 있습니다. 이를 바탕으로 기술과 가격 경쟁력을 키우고 있죠. 내수시장이 뒷받침되지 않으면 기술 개발과 경쟁력 확보가 늦어질 수 있습니다. 또 내수시장을 통해 실적과 더불어 여러 개발을 진행할 수도 있죠. 결국 내수시장이 뒷받침되지 않은 태양광 패널 시장은 크게 의미가 없다고 생각합니다."

-정규진(현대에너지솔루션 영업기획팀장)

우리나라 풍력발전 산업은 어떨까요. 전북 격포항에서 배를 타고 1시간가량 바다로 나가면 서남해 해상풍력 실증단지가 눈앞에 나타납니다. 이는 국내 기업들이 상업화 이전에 마음껏 실패하고, 그러한 실패를 발판 삼아 더 나은 결과물을 얻을 수 있도록 드넓은 바다 위에 '연습 공간'을 만들어둔 겁니다.

그런데 이곳에서 풍력 터빈을 실험할 기업은 이제 한 곳밖에 남지 않았습니다. 2000년대 초 삼성, 현대, 효성 등 국내 주요 중공업 기업이 앞다퉈 풍력 터빈 개발에 나섰지만, 국내에 좀처럼 풍력 시장이 형성되지 않으면서 줄줄이 사업을 철수했고, 두산중 공업 한 곳만 남은 겁니다.

"같이 사업을 시작했던 국내 기업들이 어려움을 겪었던 것 중의 하나가, 그간 국내에서 충분한 시장이 만들어지지 않았다는 겁니다. 결국 사업을 이어갈 만큼 충분한 물량을 확보하지 못한 것이죠. 반면 세계 해상풍력 시장은 연간 24% 이상 성장하는 고성장 시장입니다. 중국 외 글로벌 시장의 경쟁 상태는 그간 빅3 메이저 회사들의 과점 형태로 되어있죠. 자국 시장에서 실적을 쌓았던 유럽과 북미 메이저 기업들은 이제 시장 다변화를 위해 아시아에, 특히 한국에 진출하려는 계획을 갖고 있습니다.

해외 기업들을 보면, 풍력만으로 연 매출 15조 원 이상의 큰 산업으로 성장한 상태입니다. 이들 역시 자국 시장을 바탕으로 글로벌 진출을 한 것이고요. 현재 글로벌 1위 풍력 기업인 덴마크의 베스타스의 경우 10여 년 전까지만 하더라도 두산보다 작은 규모의 회사였지만 이젠 매출 규모가 17조에 달하게 됐습니다. 풍력만으로 메이저 회사로 성장한 것이죠. 저희는 아직도 해외 업체 대비 충분한 실적이나 경험을 갖지 못했습니다. 대외 경쟁력을 가지려면 단기적으론 트랙 레코드의 확보가 중요합니다."

－진종욱(두산 에너빌리티 상무)

EU의 REPowerEU도, 미국의 IRA도 모두 '에너지전환을 통한 온실가스 감축 및 에너지 수급의 안전성 확보'를 목표로 하는 정책의 일환이었습니다. 하지만 대외적인 정책 목표 외에도 그 안엔 '자국의 에너지 자립도 및 대외 재생에너지 패권 확보'라는 본질적인 목적이 숨어있습니다.

어째서 미국과 유럽이 '자국산 발전기', '자국산 전기차'를 찾는 것일까요. 이러지 않고서는 햇빛은 국산이지만 그것으로 전기를 만드는 것은 수입산, 바람은 국산이지만 그것을 전기로 만드는 것은 수입산이 되어버리기 때문입니다.

우리가 재생에너지냐 원전이냐 무의미한 논쟁으로 시간을 버리는 사이, 우리나라의 햇빛은 중국산, 바람은 유럽산이 될 수 있습니다. 신속한 상황 판단과 정책 마련이 시급한 이유입니다.

무엇이
좋고, 나쁜
에너지인가요?

해마다 누가 더 나쁜지, 누가 더 잘못했는지 겨루는 시간이 있습니다. 바로 국정감사입니다. 2022년 국정감사에서 기후·에너지 분야의 키워드를 꼽자면, 당연 '탈원전'과 '탈 탈원전'을 꼽을 수 있을 것입니다.

그해 국회 산업통상자원중소벤처기업위원회(산자위) 국감에선 이와 관련한 온갖 발언이 쏟아졌습니다. 이와 더불어 재생에너지, 특히 태양광의 경우 감사원의 감사를 시작으로 국감에서도 집중 공격 대상이 됐습니다.

국감 당시 자주 등장한 주장 중 하나는 '탈원전으로 전기요금이 인상됐다'라는 것이었습니다. 하지만 현재 우리나라의 전기요금 체계가 갖고 있는 문제점이나 개선 방향과는 다릅니다.

한국전력이 전기요금의 인상 요인으로 꼽은 첫 번째 이유는 연료비 상승이었습니다.

전기요금은 발전과 송전, 배전, 판매 총 네가지 기능별 원가로 구분됩니다. 가장 큰 비중을 차지하는 것은 발전비용으로 전체 84.7%를 차지합니다. 곧 발전 연료의 값이 오르면 자연스레 발전비가 증가하고, 이는 요금 인상의 주요인이 됩니다. 한전은 전기의 송배전 및 판매를 담당하고, 발전은 발전자회사(발전공기업) 또는 민간 발전기업이 담당합니다. 그 때문에 발전비용에 대해 한전은 '통제할 수 없는 비용'이라고 설명합니다.

2022년 4월 기준 석탄의 가격은 전년 대비 5.6배, LNG 가격은 12.7배 증가했습니다. 연료비가 늘어난 영향만 따져도 kWh당 33.6원은 올려야 할 만큼 상황이 악화했다는 것이죠. 안 그래도 원가보다 저렴하게 판매하던 전기였는데, 전기요금을 그대로 가져가면서 연료비만 높아지면 이는 곧 한전의 대규모 적자로 이어질 수밖에 없습니다.

그렇다면 탈원전 선언은 발전량 측면에서 어떤 영향을 미쳤을까요. 원전 발전량의 급감으로 전기요금 인상을 부추긴 것일까요. 최근 10년간(2011~2020년) 원전의 발전량을 살펴봤습니다.

2011년 후쿠시마 참사로 전 세계가 충격과 공포에 빠졌습니다. 체르노빌 참사에 이어 또다시 전 세계가 탈원전을 고심하고, 몇몇 나라는 아예 탈원전을 결정하게 할 만큼 큰 사고였습니다.

이 충격이 채 가시기도 전에 국내에선 원전 부품 성적서 위조 사건이 불거지며 '안전 불감증'은 또다시 도마 위에 올랐습니다. 안전 문제가 잊히려던 2016년 한빛 2호기의 격납건물에서 공극, 즉 '구멍'이 발견됐습니다. 설계대로라면 '비행기가 와서 부딪혀도 안전하다'라는 두툼한 외벽이지만 시공 과정에서 콘크리트 타설이 제대로 이뤄지지 않으면서 벽체에 공간이 생긴 겁니다. 심한 곳은 공간으로 인해 벽의 두께가 성인 남성의 손 한 뼘도 되지 않을 정도로 얇아졌습니다.

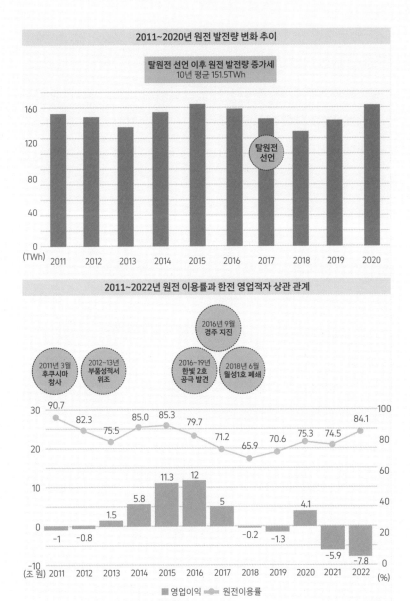

2011~2020년 원전 발전량 변화 추이

탈원전 선언 이후 원전 발전량 증가세
10년 평균 151.5TWh

탈원전
선언

(TWh) 2011 2012 2013 2014 2015 2016 2017 2018 2019 2020

2011~2022년 원전 이용률과 한전 영업적자 상관 관계

2016년 9월
경주 지진

2011년 3월
후쿠시마
참사

2012~13년
부품성적서
위조

2016~19년
한빛 2호
공극 발견

2018년 6월
월성1호 폐쇄

90.7 82.3 75.5 85.0 85.3 79.7 71.2 65.9 70.6 75.3 74.5 84.1

-1 -0.8 1.5 5.8 11.3 12 5 -0.2 -1.3 4.1 -5.9 -7.8

(조 원) 2011 2012 2013 2014 2015 2016 2017 2018 2019 2020 2021 2022 (%)

■ 영업이익 ━●━ 원전이용률

(자료: 한국전력공사)

그해 9월 경주에서 규모 5.8의 지진이 발생했습니다. 우리나라 지진 관측 이래 가장 강력한 지진이 원전 인근에서 일어난 겁니다. 후쿠시마 참사 역시 지진과 그로 인한 쓰나미로 비롯됐던 만큼, 시민들의 걱정은 커질 수밖에 없었습니다. 그리고 2017년 6월 탈원전 선언이 나왔고, 2018년엔 월성 1호가 공식 폐쇄됐습니다.

그런데도 2018년 이후 원전의 발전량은 증가세를 이어갔습니다. 10년간 원전의 연평균 발전량은 151.5TWh입니다. 2020년 원전은 이를 상회하는 160.2TWh의 전력을 생산했습니다. 2021년에도 약 158TWh로 평균 이상의 발전량을 기록했고요. 적어도 '탈원전으로 원전 발전량이 줄어 요금이 올랐다'라는 주장은 나와선 안 되는 겁니다.

탈원전으로 원전 이용률이 낮아지면서 한전의 영업이익이 악화됐다는 주장은 어떨까요. 2011년 후쿠시마 참사 이후 원전 이용률은 급감했습니다. 하지만 2011~2013년 영업이익은 −1조에서 1.5조로 '흑자 전환'에 성공했습니다. 2014~2016년 원전의 이용률은 85%에서 85.3%로, 이후 79.7%로 감소세를 보였지만 영업이익은 약 5.8조에서 12조 원으로 크게 올랐습니다.

반면 월성 1호가 폐지된 2018년 이후 원전 이용률은 증가세를 이어갔습니다. 하지만 영업이익은 −0.2조 원에서 −7.8조 원으로 악화됐습니다. 원전 이용률의 증가가 영업이익의 증가로, 원전 이용률의 감소가 영업이익의 감소로 이어진다고 할 수 없는 겁니다. 원전 이용률의 변화가 그저 정부 정책에 좌지우지되는 것 또한 아닙니다. 원전 이용률의 변화는 에너지 정책뿐 아니라 안전과 관련된 요인이 복합적으로 작용하기 때문입니다.

재생에너지라고 해서 아무런 문제가 없었을까요? 2015년 새만금 해상풍력발전 사업의 기술용역을 담당했던 S 교수의 이야기입니다. 2015년 새만금해상풍력(주)는 전기사업 허가를 신청했고, 그해 산업통상자원부 전기위원회의 의결을 거쳤습니다. 국감에서 거론된 S 교수는 당시 기술용역을 맡았습니다. 문제는 그가 연구와 평가라는 교수의 역할을 넘어 직접 사업에 뛰어들었고 해외에 사업권을 넘기며 차익을 얻는 데 몰두했다는 점입니다.

보조금에 눈이 멀어 날림으로 태양광 패널을 설치하고는 유지·보수는 나 몰라라 한 사업자들도 잇따랐습니다. 그 결과 패널은 제대로 전기 생산도 못 하고 흉물스러운 고철로 남고, 그런 사업자를 믿고 쌈짓돈을 털어 넣었던 선량한 시민들은 투자금을 날리기도 했죠. 우리는 종종, 에너지에 도덕성을 부여하곤 합니다. 'OO발전원은 착한 에너지, XX발전원은 나쁜 에너지'처럼요. 그러고는 특정 에너지원을 옹호하며 상대방을 향해 비난의 목소리를 높이기도 하죠. 그러나 에너지에 착함과 나쁨은 없습니다. 착함과 나쁨은 에너지원의 종류와 상관없이, 이를 활용하는 사람에게 달린 것이죠.

에너지전환이라는 경기는 이미 시작되었습니다. 어떤 발전원이든 잘못된 관행, 부정, 부패는 신속히 끊어내야 합니다 하루빨리 달리고, 패스하고, 득점해야겠죠. 부디, 공 한 번 못 차보고 '누가 경기에 나가냐', '누가 프리킥을 차냐' 다툼만 하다 주심의 휘슬이 울리는 불상사가 일어나지 않기를 바랍니다.

팩트체크 **10**

그럼,
재생에너지만
늘리면 되는
것인가요?

에너지전환에 있어 필수 전제 조건이 하나 있습니다. 바로 정의로운 전환입니다. '정의로운 전환(Just Transition)'은 에너지전환과 더불어 국제적으로 사용되는 용어입니다. 2015년 파리협정에도 정의로운 전환이 담겼습니다.

"노동자의 정의로운 전환과 양질의 일자리 창출, 각국이 내세운 개발 우선순위에 따른 양질의 일자리 창출의 필요성을 고려해야 한다."라고 말이죠. 우리 모두의 지속가능성을 위해 새로운 변화를 맞이하는 과정에서 그 누구도 '남겨지는 이'가 없도록 하기 위함입니다.

우리의 역사를 돌아봤을 때, 에너지의 전환은 문명의 전환으로 이어졌습니다. 불을 쓰기 전과 후, 기름(등유)을 쓰기 전과 후, 증기기관을 이용하기 전과 후, 내연기관을 이용하기 전과 후 등등. 많은 것들이 바뀌었습니다. 여기서 바뀌었다는 것은 무언가 새로 등장한 것도 있지만 사라진 것도 있다는 뜻입니다.

우리가 동물의 힘을 빌려 이동하다 어느 순간 증기기관 혹은 내연기관을 이용한 운송수단으로 이동하면서 사라진 것은 무엇이 있을까요. 그 많던 마차는 박물관의 유물로 전락했습니다. 마부의 일자리만 사라진 것이 아니라, 마차 제작사와 그 협력사 또는 하청업체에서 일하던 노동자의 일자리도 사라졌죠.

이러한 일이 마치 '북미나 유럽의 일'처럼 느껴진다면, 우리나라의 석탄광도 예로 들 수 있습니다. 하나둘 탄광이 문을 닫으면서 목숨 걸고, 땀 흘리며, 온몸에 석탄 가루를 뒤집어쓴 채 일하던 이들의 일자리는 사라졌습니다.

진보(Progress)의 과정에서 우리는 '한 걸음 나아갔다'라는 데 집중한 나머지, 남겨진 이들에 대해선 무관심했습니다. 당시 탄광을 운영하던 기업들은 도시가스 사업으로 업종 전환에 성공했지만, 탄광 노동자들은 일자리를 잃었습니다. 이와 더불어 탄광이 위치한 곳의 지역경제 역시 갑작스레 무너져버렸고요.

파리협정의 시대, 이른바 '신(新)기후체제'에서의 에너지전환은 과거의 전환과 비교해 그 속도도, 규모도 비교하기 어려울 정도입니다.

꽤 오랜 시간, 우리는 기본적으로 무언가를 태워서 만든 에너지를 이용해 왔습니다. 나무냐, 석탄이냐, 석유냐, 가스냐, 연료의 차이는 있을 수 있지만요. 하지만 이제는 태우는 행위를 벗어나는 것, 넘어서는 것을 목표로 전 세계가 온갖 노력을 기울이고 있습니다.

이를 통해 우리는 또다시 한 걸음 더 나아갈 수 있겠지만, 그 과정에서 남겨지게 될 이들을 최소화하기 위한 노력 역시 반드시 병행해야만 합니다. 나라마다, 그 나라의 정당마다 정치적 방향성이 다르더라도 '정의로운 전환'이 글로벌 키워드로 떠오른 이유입니다.

오늘날 에너지전환의 과정에서 남겨질 위기에 빠진 이들은 누구일까요. 바로 석탄화력발전소의 노동자를 꼽을 수 있습니다. 파리협정 체결 이후, 매번 대선에서 여야 교체가 이뤄졌음에도 탈석탄이라는 흐름은 변하지 않고 있으니까요. 우리나라 석탄화력발전회사(한국남동발전, 한국남부발전, 한국동서발전, 한국서부발전, 한국중부발전) 노동자는 모두 2만 2,306명에 달합니다. 완전한 탈석탄도 아니고, 석탄 발전의 비중을 30%가량으로 낮추는 과정에서만 9,592명의 일자리가 사라질 것으로 예상됩니다.

한국을 넘어 세계에서 석탄화력발전소가 가장 밀집된 지역 중한 곳인 충청남도를 찾아가 봤습니다. 입사 3년 차 노동자부터

24년 차 노동자까지 당진화력발전소의 직군별 노동자들은 어떤 생각을 갖고 있을까요. 먼저 이들이 느끼는 고용 불안감에 대해 물었습니다.

"호남화력발전소가 폐지되는 것을 직접 눈으로 보면서 '아, 이게 지금 당장 눈앞의 일로 찾아왔구나.', '우리 일자리가 위협받고 있구나.'라는 감정을 숨길 수가 없었습니다. 탈석탄에 대한 사회적 공감대는 형성됐지만, 정책이 여기서 일하는 우리를 도와주는 것이 맞는지 의문이 들었죠.
점차 발전설비가 축소됨으로써 시설의 변화는 정해졌는데, 기존에 일하는 사람들에 대한 정책은 발표된 것이 없고, 그저 탈석탄

그 자체에 대한 정책만 계속 들리다 보니 점점 더 우려가 커질 수밖에 없었습니다. 결국 정부 정책 발표나 뉴스에만 매달리게 됐습니다. 호남화력을 시작으로 제가 근무하는 당진화력도 마찬가지의 수순을 밟고 있다 보니 언제 어떻게 될까 하는 두려움만 계속 갖고 있습니다.”

―이성하(입사 3년 차, 발전소 보안 담당)

“처음엔 발전소에서 일하는 것의 장점 중 하나로 '전기 수요는 없어질 수 없는 문제이니 발전소 역시 영원히 운영될 것'을 꼽았었습니다. 근무 기간이나 여건에 대해서 고민을 해본 적이 없었던 거죠. 그런데 2019년 G20 정상회의에서 전 세계 국가가 탈석탄을 이야기하고, 이것이 글로벌한 추세로 가다 보니까 이건 우리가, 우리나라가 어떻게 할 수 있는 부분이 아니구나를 느끼게 됐죠. 제가 하는 업무는 석탄을 운송하는 업무입니다. 탈석탄이 되면 말 그대로 석탄 자체가 사라지는 것이고, 제 업무는 어디에 연계될 수가 없고, 이 경력을 가지고 다른 일을 연속적으로 할 수 있는 경우가 아예 사라진다고 봐야 합니다. 오히려 젊은 시절에 입사했는데, 얼마 안 지나서 발전소가 없어진다고 하면 얼마든지 취업의 기회가 남아있을 겁니다. 정부 차원에서 일자리를 마련해주지 않아도 스스로 할 수도 있겠죠. 하지만 발전소가 폐지되는 시점에 40대 중후반에서 50대 초반이 되면, 경제활동을 안 할 수도 없고 해야만 하는 처지라 나이가 걸립니다."

－이종상(입사 7년 차, 석탄 운송 담당)

"처음 관련 정책들이 나올 땐 그저 막연한 미래 같았습니다, '과연 이게 되겠어?'라는 생각을 했던 거죠. 그러다 전력수급기본계획이나 NDC 상향과 같은 각종 정책이 수립되고, 지난해엔 호남화력, 올해 초엔 울산화력이 실제 폐지되는 상황을 보면서 이젠 너무도 큰 위기를 느끼게 됐습니다.

두 화력발전소가 폐지되면서 이미 고용 위기는 시작됐다고 볼 수 있습니다. 당진화력도 9년 후부터 차례로 수명을 다하게 됩니다. 1·2호기가 약 9년 후 폐지가 예정되어 있고요, 3·4·5호기가 10년 뒤에 폐지가 예정되어 있습니다.

이곳처럼 많은 고용을 창출하는 대규모 발전소가 폐지된다면, 말 그대로 직접적인 위기가 다가올 것이고요."

－이갑희(입사 17년 차, 발전소 운영 담당, 노조위원장)

"처음엔 미세먼지 문제로 여러 이야기가 나오면서 조금씩 위기를 느끼기 시작했습니다. 2019년 말 미세먼지 종합 관리 계획이 나오면서 직접적인 부담을 느꼈고요.

대기오염물질 배출과 관련한 설비를 담당하다 보니, 발전소 폐지가 이뤄진다면 저희 직군은 100% 일자리를 잃을 거라고 생각합니다. 2029년이 되면 당진 1·2호기가 폐지되는데, 제가 지금 근무하는 곳이 1·2호기입니다. 그때가 되면 아마 저의 업무는 없어질 거로 생각하고 있습니다.

제가 1, 2호기 폐지될 때 정년을 맞습니다. 당장 2029년 폐지된다면, 이 직장이 안정적이라고 믿고 여기서 열심히 일해보겠다는 후배들이 많은데, 그들 역시 담당 호기가 1·2호기라면 즉시 일자리가 없어진다고 보면 됩니다. 다른 호기에는 같은 업무를 하는 다른 노동자들이 있으니까요."

－민현기(입사 24년 차, 탈황설비 담당)

이들을 더욱 힘들게 하는 것은 탈석탄 정책만이 아닙니다. 정부와 정치권, 시민사회 모두로부터 받는 외면은 위기감과 무력감을 더욱 키웁니다. 탄소중립 선언과 더불어 '정의로운 전환'이라는 표현은 정치권과 우리 사회 곳곳에서 화두로 등장했습니다. 하지만 '정의로운 전환을 해야 한다'라는 그 이상의 방법론은 제시되지 않았습니다. 탄소중립이라는 대의에 찬성하는 만큼, 그저 고용 전환 정책을 애타게 기다리고만 있을 수밖에 없습니다.

"현실적으로 필요한 것은 직군 전환이나 또 다른 일자리를 위한 재교육인데 그런 정책이나 시스템은 전혀 없습니다. 지금까지 나온 대책이나 각종 발언을 봤을 땐 그저 막연한 내용들만 있을 뿐입니다. 정치권에서도 정부 부처에서도 이 부분을 좀 세부적으로 봐주셨으면 하는 바람이 큽니다.

물론 재교육을 통해 새로운 일을 하게 된다는 것에 대한 걱정이 없다면 거짓말이겠죠. 걱정은 있지만 미리 준비하고 더 많은 노력을 해서라도 해낼 겁니다. 이건 저의 일자리이고 제 삶이기 때문에 기회만 주어진다면 어떻게든 열과 성을 다할 겁니다.

'정의로운 전환'을 많이들 이야기하는데, 정의라는 것은 모두에게 정의로워야 진정한 의미가 있는 것 아니겠습니까. 저희처럼 가려져 있는 사람들에게도 이런 입장이 있다는 것을 사회에서도 좀 관심 두고 바라봐주셨으면 하는 바람이 있습니다."

-이성하(입사 3년 차, 발전소 보안 담당)

"미세먼지, 온실가스 등 대두되는 환경문제가 커지고 있기 때문에 이런 면에 있어서는 저도 불만이 없습니다. 하지만 발전소 밖에 계신 분들이 한 번쯤 여기서 일하는 사람도 있고 이걸로 생계를 꾸려나가는 사람도 있다는 것을 알아주셨으면 좋겠습니다.

그리고 정부에서 에너지전환과 관련해 이야기하는 것은 어떤 발전원의 발전 비중을 몇%로 하겠다는 정도예요. 신재생에너지를 늘린다고 한다면, 그 분야와 관련한 교육을 받고, 자격증을 취득할 수 있는 환경을 조성해 주시고, 그 분야에서 일할 수 있는 취업의 우선권을 보장해 주겠다는 구체적인 대책을 마련해 주셨으면 좋겠습니다."

－이종상(입사 7년 차, 석탄 운송 담당)

"과거부터 저희 발전산업 노동자들은 국가의 산업화에 기여하고 있다는 자부심을 느끼고, 안정적인 전력 공급을 위해 그동안 밤낮 가리지 않고 일을 해왔습니다.

그러다 어느 순간 사회의 분위기가 바뀌면서 미세먼지의 주범으로, 탄소배출의 주범으로 손가락질을 받기 시작했죠. 또한 한전과 발전공기업들은 적자로 많은 지탄을 받기도 합니다. 그럼에도 저희는 공기업으로써 수익보다 공공성에 기여한, 이를 통해 에너지 빈곤층의 어려움을 막을 수 있다는 사명감으로 열심히 일을 해왔습니다.

탄소중립은 사회적, 국가적 비전입니다. 이는 전 세계적인 흐름이기도 하고, 저희 역시 지구에 살고 있는 구성원이기에 반대하지 않습니다. 이 과정에서 저희의 고용에 심각한 위기가 오고 있지만, 그럼에도 저희가 이에 대한 투쟁 행위를 하지 않는 것은 이

방향성에는 동의하고 있기 때문입니다.

그런데 이 비전을 달성하려면 발전 노동자들의 일방적인 피해가 아니라 에너지전환 선도국인 독일처럼 노동계, 시민사회, 정부, 정치권 모두가 사회적인 논의에 나서야 합니다. 그런데 아직도 정부는 노동계의 이야기를 제대로 들은 적이 없습니다."

—이갑희(입사 17년 차, 발전소 운영 담당, 노조위원장)

"저희는 탄소중립에 반대하지 않습니다. 그런데 저희도 고용이라는 것이 있지 않습니까. 저희도 한 가정을 책임져야 할 가장인데, 앞으로 어떻게 살아야 하나 이런 막막한 생각은 들 수밖에 없는 것이죠. 환경단체 분들이 말씀하시는 것도 맞습니다.

하지만 탈석탄을 이야기하는 과정에서 환경단체 분들 가운데 우리 노동자들과 대화를 한번 해본 적이 있을까, 그런 생각도 듭니다. 탈황설비를 운영하면서 대기오염물질 배출량을 줄이기 위해 어떤 노력을 기울여왔는지. 환경단체도, 뉴스도 이런 것은 이야기하지 않는 것 같습니다.

에너지전환을 통해 양질의 일자리가 창출된다고 하는데, '양질'이라는 것의 기준이 뭔지 아직 모르겠습니다. 정부도 에너지전환과 정의로운 전환을 이야기할 때, 일자리 몇 개가 전환된다, 이런 구체적인 대안이 나오면 좋겠습니다. 그럼 현장에서 일하는 우리

석탄화력발전소 노동자 대상 설문조사

2030 NDC 상향에 따른 일자리 전환 정책이 부족하다.
95.9%
그렇다 27.2%
매우 그렇다 68.7%

기후위기는 노동자에 큰 영향을 미치고 있다.
92.1%
그렇다 30.1%
매우 그렇다 62.0%

탈석탄 정책으로 느끼는 고용 위기 및 불안감이 있다.
86.7%
심각하다 36.1%
매우 심각하다 50.6%

정책 결정에 있어 이해당사자인 노조 참여가 보장되지 않는다.
85.3%
그렇다 34.7%
매우 그렇다 50.6%

탄소중립 정책과 관련 법에 공감한다.
61.0%
그렇다 44.1%
매우 그렇다 16.9%

사측은 발전소 폐쇄에 대비, 노동자 보호에 노력 중이다.
39.3%
그렇지 않다 36.6%
전혀 그렇지 않다 24.1%

정부가 내놓은 지원책이 고용 불안 해소에 도움된다.
35.9%
그렇지 않다 35.9%
전혀 그렇지 않다 28.2%

정부는 탈석탄에 따른 고용불안 해소에 노력 중이다.
17.2%
그렇지 않다 37.8%
전혀 그렇지 않다 45.0%

근무 중인 발전소에서 탈석탄으로 고용 문제가 언제부터 발생할까?	1위	5~10년(36.5%)
	2위	3~5년(30.4%)
	3위	2~3년(17.2%)
정의로운 전환, 구조조정 대비에서 가장 우선되어야 할 정책 3가지는?	1위	고용 유지(30.6%)
	2위	처우 보장(22.7%)
	3위	정규직 전환(13.1%)
기후위기 대응에 소속 노조가 주력해야 할 정책 3가지는?	1위	발전공기업 통합 추진(24.0%)
	2위	고용보장협의 체결(23.1%)
	3위	전환배치 조건 마련(19.4%)

(자료: 전국공공산업노동조합연맹)

노동자들이 불안에 떨 이유가 없지 않습니까."

—민현기(입사 24년 차, 탈황설비 담당)

정의로운 전환, 혹은 고용 전환을 다루는 법안 여럿은 여전히 국회에서 잠들어있습니다. '정의로운 전환'의 역할과 중요성에 비춰봤을 때, 이는 아무리 늦어도 「탄소중립·녹색성장 기본법」이 통과됐을 때 함께 통과돼야 했던 법안입니다. 정의로운 전환 없이는 에너지전환은 제대로 된 한 걸음을 내딛기조차 쉽지 않기 때문입니다.

이러한 생각은 비단 당진화력발전소의 노동자들만의 생각이 아닙니다. 2020년 전국공공산업노동조합연맹이 '정의로운 에너지전환과 노동조합 대응 전략 모색을 위한 조합원 실태조사'에서도 마찬가지의 목소리가 나왔습니다. 에너지전환 과정이 가장 직접적으로 영향을 미치는 발전5사노동조합(남동, 남부, 동서, 서부, 중부), 한전KPS노동조합, 공공산업희망노동조합 등 노동자 1만 6,000여 명을 대상으로 실시한 조사에 총 2,072명이 응답했습니다.

당장 "기후위기는 심각한 사회문제로 정부 차원의 적극적인 대응이 필요하다."라는 데 응답자의 55.9%가 "매우 그렇다.", 37.9%가 "그렇다."라고 답했습니다. 하지만 정부도 발전사도 그로 인한 고용 충격엔 무관심하다고 답했습니다.

2030 NDC가 상향되면서 발전 부문의 감축 부담은 늘어났습니다. 앞서 발전소 노동자들의 이야기에서 살펴볼 수 있듯, 이는 곧 일자리 상실 속도가 더 빨라졌다는 뜻이 됩니다. 하지만 감축 목표의 상향만 있을 뿐, 그에 상응하는 일자리 전환 정책은 부족하다는 것이 발전 5개사 노동자 95.9%의 생각입니다.

이들이 단순한 위기를 넘어 고립감을 느끼는 이유 또한 설문조사를 통해 드러났습니다. 당장 정책을 내놔야 하는 정부가 탈석탄에 따른 고용불안 해소에 노력하고 있지 않다고 응답한 이의 비중은 82.8%에 달했습니다. 정부뿐 아니라 발전공기업의 노력도 부족해 보입니다. 노동자의 60.7%가 "내가 소속된 회사는 석탄화력발전소 폐지에 따른 노동자 고용불안 해소에 노력하고 있지 않다."라고 답했습니다.

이를 해결하기 위한 시간도 얼마 없어 보입니다. "귀하가 속한 발전소에서 탈석탄 정책으로 언제부터 고용 문제가 발생할 것으로 예상하십니까?"라는 질문에 '5년 이내'라고 답한 이들의 비중은 53%로 절반을 넘었습니다. 하지만 정부도 발전공기업도 그 어떤 행동에 나서지 않는 가운데 이들의 목소리조차 잘 듣지 않고 있죠. 정부의 정책 결정에 있어 이해당사자인 노조의 참여가 보장되지 않는다고 답한 이는 85.3%에 이릅니다. 그리고 이들이 가장 중요하게 꼽은 것은 '일자리 전환'이었습니다. 소통과 재교육을 통한 정의로운 전환을 요구하는 것이죠.

그럼에도 계속해서 우리가 정의로운 전환에 대한 철저한 무관심을 유지한 채 에너지전환이 이뤄진다면, 이는 반쪽짜리 전환에 불과할 겁니다. 2만 명이 넘는 석탄화력발전 노동자와 그 지역의 주민은 더 이상 이러한 전환에 동의와 공감을 하기 어려울 테니까요. 모두가 함께하는 전환이야말로 에너지전환이 나아가야 할 '진짜 방향'일 것입니다.

팩트체크 **11**

우리,
그래도
희망은 있죠?

"세계 최초의 탄소중립 대륙이 되겠다."

우르줄라 폰 데어 라이엔 EU 집행위원장이 2019년 취임 직후 밝힌 포부입니다. 이러한 당찬 포부에 '레토릭에 불과하다.', '재생에너지는 주력 발전원이 될 수 없다.', '탄소국경세는 도입하지 않을 것이다.' 등등 냉소적인 분석을 내놨던 곳이 있습니다.

어디였을까요. 아시아에서 발 빠르게 탄소중립을 선언한 나라, 국제적으로 '야심찬 감축목표'를 세웠다고 평가받는 나라, 기후변화 최전선에 나선 IPCC의 의장을 배출한 나라, 파리협정 당시 유엔을 이끈 사무총장의 나라. 바로 한국이었습니다.

하지만 EU는 선언에만 그치지 않았습니다. 바로 유러피언 그린 딜을 발표하고, 본격적인 녹색 전환에 나섰죠. 2021년 7월엔 '핏포55(Fit for 55) 패키지'를 발표했습니다. 탄소국경조정제도와 2035년 내연기관 판매 금지 등 굵직한 정책과 제도가 담긴 법안 패키지였습니다.

그럼에도 여전히 회의론자들의 외면은 이어졌습니다. 그러다 2022년 2월 러시아가 우크라이나를 침공한 이후 유럽 내엔 에너지 대란이 일고 있습니다. 선진국에서 일어날 일이라고는 그 누구도 상상하지 못한 일입니다. 부존자원[•]은 없더라도 에너지는

• 부존자원은 한 나라가 경제적 목적으로 사용할 수 있는 지질학적 자원을 의미합니다.

상시 풍족한 나라가 현대 선진국이니까요.

회의론자들은 '거 봐라. 안 된다고 하지 않았냐'라며 반가워했습니다. 하지만 EU의 반응은 달랐습니다. REPowerEU 정책을 내놓으며 다시금 녹색 전환에 박차를 가했습니다. 러시아에 의존하던 화석연료가 지금의 대란을 부른 만큼, EU는 '화석연료로의 회귀'가 아닌 '재생에너지로의 더 빠른 전환'을 택한 겁니다. 이 과정에서 재생에너지엔 친환경이라는 태그와 더불어 안보라는 태그도 함께 따라붙게 됐습니다. 에너지 자립을 위한 필수 요소가 된 겁니다.

이렇게 녹색 전환에 박차를 가하던 EU는 2022년 5~6월 심층 설문조사를 진행했습니다. 〈녹색 전환에 대한 공정성 인식 조사〉입니다. 27개 회원국의 시민 2만 6,395명을 대상으로 진행한 대규모 설문조사였습니다. 다양한 질문들로 녹색 전환 정책 전반에 대한 시민들의 인식을 살펴본 조사였습니다.

시민 사회의 지지가 없었다면 지금의 전환은 불가능했을 겁니다. 과연 이들은 도대체 어떤 생각으로 녹색 전환에 브레이크를 걸지 않았던 걸까요. 유럽의 전환을 예상했던 쪽도, '선언에만 그칠 것'이라던 회의론자도 궁금해할 만한 내용입니다.

한겨울에도 집에선 반팔, 반바지를 입고, 언제나 펄펄 끓는 온수가 나오는 집. 이런 환경에만 익숙해져 있다 겨울철 유럽 여행을 떠난 많은 사람들은 실내의 냉기에 놀라곤 합니다. 여름엔 어떤가요. 지하철, 버스 등 대중교통뿐 아니라 건물 안의 온도는 우리나라와 사뭇 다릅니다. 출근한 회사원이 한여름 카디건을 꺼내 입는 우리나라와 달리, 유럽 도시 곳곳은 여름의 열기를 그대로 뿜어냅니다. 보수 수준도 높고, GDP도 우리보다 높은 나라인데 왜 이럴까. 그 답도 이 설문조사에서 찾아볼 수 있습니다.

과연 유럽 시민이라고 해서 우리나라 시민보다 더 지구를 끔찍이 여기기 때문일까요? 도대체 이들은 왜 이렇게까지 절약하는 걸까요. 결국엔 '돈'이 가장 큰 이유였습니다. 경제적인 이유만으로 에너지 절약을 한다는 이가 25%였습니다. 37%는 "대부분 경

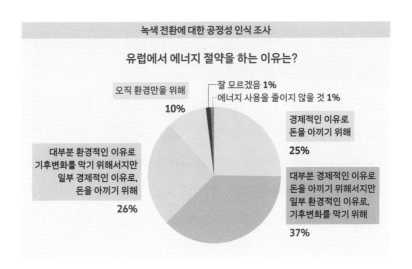

녹색 전환에 대한 공정성 인식 조사

유럽에서 에너지 절약을 하는 이유는?

오직 환경만을 위해
10%

잘 모르겠음 1%
에너지 사용을 줄이지 않을 것 1%

경제적인 이유로
돈을 아끼기 위해
25%

대부분 환경적인 이유로
기후변화를 막기 위해서지만
일부 경제적인 이유로,
돈을 아끼기 위해
26%

대부분 경제적인 이유로
돈을 아끼기 위해서지만
일부 환경적인 이유로,
기후변화를 막기 위해
37%

제적 이유지만 일부 기후변화를 막기 위해서 절약한다."라고 답했고, 26%는 "대부분 기후변화를 막기 위함이지만 일부 돈을 아끼기 위함도 있다."라고 답했습니다. 즉, 88%가 직접적인 이유에서든 간접적인 이유에서든 '돈을 아끼려고' 절약한다는 겁니다. 오직 환경만을 위해서 절약한다는 이는 10%밖에 되지 않았습니다.

유럽의 에너지 비용은 세계에서 손꼽히게 높은 편입니다. 상황이 이렇다 보니 이들의 절약 수준 역시 세계 최고 수준이죠. 그런데도 설문조사에선 놀라운 답변이 이어졌습니다. '에너지 사용을 지금보다 더 줄일 수 있느냐?'는 물음에 55%가 "자신 있다."라고 답한 겁니다.

놀라움은 여기서 그치지 않습니다. '녹색 전환을 가속화할 수 있다면, 에너지 요금을 더 낼 의향이 있느냐?'라는 질문에 응답자의 21%가 "최대 10%까지 더 낼 수 있다."라고 답했습니다. 8%는 '최대 20%', 3%는 '최대 30%', 2%는 '30% 넘게' 더 지불하겠다고 했고요. 전체 응답자의 34%가 "요금을 더 내겠다."라고 한 겁니다. 사회적 부당함에 대해선 그 누구보다 적극적으로 (때로는 과격하게) 반발하고, 집회를 열고, 의견을 관철하는 유럽의 시민들입니다. 물론 "인상은 안 된다."라는 답변이 전체 64%로 가장 많았지만, 그럼에도 3분의 1 넘는 이들이 추가 부담에 동의한다는 것은 매우 놀라운 결과입니다.

설문조사의 제목이 〈녹색 전환에 대한 공정성 인식 조사〉인 만큼, 공정과 관련한 질문도 있었습니다. 그 주요 결과는 다음과 같았습니다.

재생에너지로의 전환 과정에서 "그 누구도 배제해선 안 된다." 라는 답변은 88%에 달했습니다. 당연한 것 아니냐라고 할 수도 있지만, 이러한 시민의식이 미치는 영향은 매우 큽니다. 세계에서 가장 큰 규모로 전환이 일어나고 있는 유럽이지만 산업계의 노력(충분히 노력한다: 43%), 지자체의 노력(충분히 노력한다: 50%), 정부나 국가의 노력(충분히 노력한다: 47%)에 대해선 상대적으로

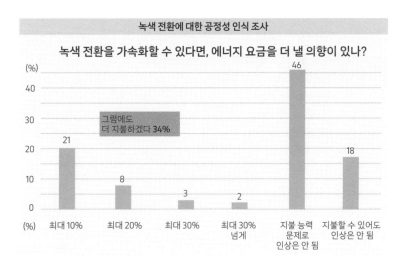

박한 평가가 이어졌습니다.

　71%의 시민이 "기후변화를 부추기는 제품이나 서비스에 세금을 부과하고, 이를 취약층에 재분배해야 한다."라고 답했습니다.

　시민 사회가 정부로 하여금 에너지전환에 박차를 가할 수 있도록 하는 서포터임과 동시에, 정의로운 전환이 이뤄지는지 지켜보는 감시자 임무를 수행하는 겁니다. 덕분에 정부는 재교육이든 지원금 지급이든, 새로운 변화와 함께 이 변화에서 소외되는 이

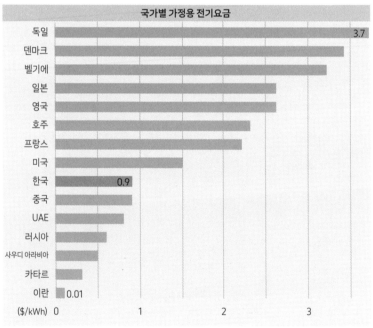

(자료: European Commission, 2020년 기준)

들에 관한 관심 역시 거둘 수 없게 됐습니다.

녹색 전환에 대한 사회적 공감대가 이미 공고해졌다는 점은 다른 질문을 통해서도 드러납니다. 77%의 응답자가 "기후위기를 막기 위한 노력에 있어 개인의 책임을 느낀다."라면서 72%가 "남들이 어떻든 녹색 전환과 기후변화 대응을 위해 개인이 더 노력해야 한다."라고 답했습니다.

또한, "다른 나라가 기후변화 대응에 나서지 않더라도 우리나라는 해야 한다."라고 답한 이 역시 72%나 됐습니다. 온갖 악조건 속에서도 유럽이 재생에너지로의 전환을 이어갈 수 있었던 가

장 큰 이유는 결국 시민, 유권자의 공감 덕분이었을 겁니다.

그럼 우리의 경우는 어떨까요. 먼저 한국리서치의 설문조사 결과를 살펴보겠습니다. 한국리서치는 2019년 3월 전국의 성인남녀 1,000명을 대상으로 기후변화에 관한 설문조사를 실시했습니다. 응답자의 94%가 "일상에서 기후변화로 인한 영향을 체감한다."라며 기후변화가 우리의 일상뿐 아니라 사회 경제활동, 재산 및 건강에 심각한 영향을 준다고 답했습니다.

기후변화로 우려되는 것 3가지를 꼽으라는 질문엔 폭염과 한파, 대기오염 등으로 인한 건강 악화(75%)뿐 아니라, 그로 인한 냉난방비의 증가(57%), 식품 가격 등 물가 상승(34%), 농경지 훼손 및 수확량 감소(33%)가 우려된다고 답했습니다. 그밖에 기후변화로 인한 각종 재난, 재해에 대비하기 위한 물품을 사기 위한 지출이 늘어나는 것을 걱정한다는 답변도 14%였습니다. 기후변화를 현실로 인식하고 있으며, 꽤 현실적인 문제점을 우려하고 있는 겁니다.

우리나라의 시민들 역시 기후변화에 대응하기 위한 노력에 대해 비판적인 시각을 갖고 있었습니다. 기후변화에 대응하기 위해 각 주체가 얼마나 적극적으로 노력한다고 보는지 묻는 질문에, 우리 시민들은 국제사회에는 55%가 그렇다와 매우 그렇다고 대답한 반면, 우리 정부에는 42%만이 그렇다와 매우 그렇다고 답변했습니다. 또한 지방자치단체에는 28%, 우리 기업에는 21%로 대체적으로 국제사회의 대응 노력에 비해 낮다고 판단하고 있었습니다.

다시 말해 국제사회를 제외하곤 정부도, 지자체도, 기업도 '적극 노력하고 있지 않다'는 것이죠. 또한 "비용이 들더라도 친환경 제품을 사용할 의사가 있다."라는 답변은 88%에 달했는데, 한국리서치는 "관련 법규가 제정될 경우 효과가 있을 것으로 보인다."라고 분석했습니다.

시민들은 정부의 꽤 구체적이고도 강력한 대응을 원했습니다. 정부가 우선적으로 이행해야 할 것이 무엇인지 묻는 질문에 응답자의 40%는 "온실가스 배출원의 엄격한 관리부터 해야 한다."라고 답했습니다. 자연 및 생태계 보전 및 관리(17%), 기후변화 인식 확대 교육(14%), 이상기후(영향) 예측 및 실시간 제공(10%) 등이 뒤따랐습니다.

그렇다면 기후변화를 막기 위한 각종 규제에 대해선 어떤 견해를 보였을까요. 응답자 92%가 일회용품, 플라스틱, 비닐의 사용규제를 법제화하는 데 동의했습니다. 그뿐 아니라, 83%가 가전 및 차량의 에너지 효율 등급을 강제하는 법안에 찬성했고, 76%가 화력발전소의 중단을 법으로 명시하는 데에 동의했습니다.

이는 유럽의 설문조사와 비교해서 전혀 모자람 없는 '기후 감

다음 사항의 법제화 동의 여부

일회용품 사용 규제	92
플라스틱, 비닐 용기 사용 규제	92
가전, 차량 에너지 효율등급 강제	
화력발전소 중단	
정부 설정 적정실내온도 강제	
자가용 2부제 운행	

(단위:%) 0   40   80   100

정부가 우선적으로 이행해야 할 것은?

온실가스 감축 배출원의 엄격한 관리	40
자연 및 생태계 보전 및 관리	
기후변화 인식확대 교육	
이상기온(영향) 예측 및 실시간 제공	
취약지역과 취약시기 정확한 분석	
취약계층 직업 지원	
적응 위한 공공시설 확충	
보건의료 지원	
농림어업 지원	
기타	

(단위:%) 0   20   40

수성'을 지닌 우리 시민사회의 모습을 보여주는 결과입니다. 한 국리서치는 "개인 차원에서 적극적인 동참 없이는 효과를 볼 수 없는 자가용 2부제나 실내온도 강제와 같은 규제에도 참여할 의 사가 높은 것으로 나타났다."라며 "정부의 적극적인 대응이 필요 하다."라고 분석했습니다.

한국환경연구원(KEI)은 2021년 11월 성인남녀 1,600명과 민관 산학 전문가 100명을 대상으로 〈2050 탄소중립 일반 국민·전문가 인식 조사〉를 실시했습니다. 이 역시 우리가 눈여겨봐야 할 것들

온실 감축 기술 개발 및 확산 42
전력·에너지 시장 구조개편 18
에너지 효율 강화 15
전기요금 및 에너지 세제 조정 탄소가격제 강화 12
국민 수용성 강화(인식 교육 및 홍보 등) 7
공정한 전환 1

0   10   20   30   40
(명)

한국환경연구원의 2050 탄소중립 일반 국민·전문가 인식 조사(일반 국민)

2050 탄소중립 시나리오
수립 시 국민정책참여단 의견 수렴에 대한 평가(일반 국민)

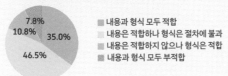

7.8%
10.8%
35.0%
46.5%

■ 내용과 형식 모두 적합
■ 내용은 적합하나 형식은 절차에 불과
■ 내용은 적합하지 않으나 형식은 적합
■ 내용과 형식 모두 부적합

탄소중립 전략 설정 시 적절한 방식은? (일반 국민)

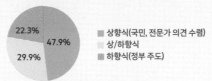

22.3%
47.9%
29.9%

■ 상향식(국민, 전문가 의견 수렴)
■ 상/하향식
■ 하향식(정부 주도)

탄소중립 과정에서 가장 우려되는 것은? (일반 국민)

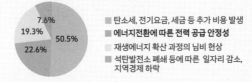

7.6%
19.3%
50.5%
22.6%

■ 탄소세, 전기요금, 세금 등 추가 비용 발생
■ 에너지전환에 따른 전력 공급 안정성
■ 재생에너지 확산 과정의 낭비 현상
■ 석탄발전소 폐쇄 등에 따른 일자리 감소, 지역경제 하락

입니다.

대통령 직속 탄소중립위원회를 중심으로 만들어진 2050 탄소
중립 시나리오가 있습니다. 당시 정부는 만 15세 이상의 시민 중
무작위 추첨을 통해 500명의 〈국민참여정책단〉을 구성했습니다.
이를 통해 의견을 수렴해 시나리오를 완성한다는 이유에서였는
데, 시나리오 내용에 대해선 만족도가 상대적으로 높았지만 〈국
민참여정책단〉이 제 역할을 다하지 못했다는 평가도 나왔습니다.
"내용은 적합하지 않으나 형식은 저합했다."라는 응답이 10.8%,
"내용도, 형식도 모두 부적합했다."라는 응답이 7.8%였습니다.
그러면서 탄소중립 전략을 세울 때 국민과 전문가의 의견을 수렴
해 만들어야 한다(상향식: 47.9%)고 강조했습니다.

한국환경연구원의 설문조사에서도 시민들로 하여금 무엇이 우
려되는지 물었습니다. 앞서 언급한 한국리서치의 경우 '기후변화'
를 주제로 설문을 진행했다면, KEI는 탄소중립의 과정에 대한 설
문을 진행했습니다.

응답자의 절반 이상(50.5%)이 탄소세 부과, 전기요금 및 세금
인상 등으로 추가 비용이 발생하는 것이 우려된다고 답했습니
다. 이어 재생에너지의 간헐성으로 위협받는 전력 공급의 안정성
(22.6%), 태양광발전이나 풍력 발전단지가 지역에 들어서는 것을
막는 것과 같은 님비 현상(19.3%), 탈석탄에 따른 일자리 감소 및

발전소 지역경제 하락(7.6%)을 우려하는 목소리도 나왔고요. KEI는 "일반 국민의 기후 위기 인식 및 환경 감수성은 이미 상당한 수준에 이르렀다."라고 분석했습니다.

한편 전문가들은 에너지전환 정책 조정에 있어 가장 우선순위가 높은 항목으로 온실가스 감축 기술 개발 및 확산을 꼽았습니다. 100명 가운데 42명이 이를 1순위로 꼽은 겁니다. 이어 18명의 전문가가 조정 우선순위 1순위로 전력 및 에너지 시장의 구조개편을 꼽았습니다.

그렇다면 이처럼 상황의 심각성을 인식하는 것이 우리의 행동과 판단에도 영향을 미치는지 살펴보겠습니다. 기후변화를 막기 위해선 우리의 행동 양식이 바뀌어야 할 수도, 추가적인 비용을 부담해야 할 수도 있습니다. KEI는 시민들이 이런 불편을 얼마나

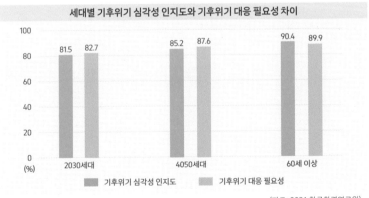

세대별 기후위기 심각성 인지도와 기후위기 대응 필요성 차이

(자료: 2021 한국환경연구원)

감수할 수 있는지 물었습니다.

연령대별로 조금씩 차이는 있었습니다만 2030세대와 4050세
대, 그리고 60세 이상 모두에 걸쳐 기후 위기 대응의 필요성에 있
어선 높은 공감을 했습니다.

하지만 이를 위해 어느 정도의 비용을 부담할 수 있을지에 대
해선 생각이 조금씩 달랐습니다. 비용 부담 의사가 가장 낮았던
연령대는 60세 이상이었습니다. 응답자의 27.9%가 "설득력 있는
제안이 없어 부담 의사가 낮다."라고 답했습니다. 부담 감수에 가
장 적극적으로 나선 것은 4050세대였습니다. "탄소중립 달성에
책임을 느끼며 비용과 불편을 최대한 감수하겠다."라는 답변은
19.4%, "현재 삶의 질이 낮아지지 않는 수준에서, 혹은 기후변화
대응으로 혜택을 받는 만큼은 감수하겠다."라는 답변은 51.5%로

세대별 비용 부담 의지 차이(일반 국민)				
세대 구분	현재 삶의 질이 낮아지지 않는 수준에서 또는 혜택 받는 만큼 감수	비용 부담의 설득력 있는 제안이 부재하기 때문에 부담 의사 낮음	탄소중립 달성에 책임을 느끼고 비용과 불편을 최대한 감수 가능	모르겠음
2030세대	50.5	24.4	16.0	9.2
4050세대	51.5	22.9	19.4	6.2
60세 이상	48.2	27.9	16.2	7.6

(%)

모든 연령대 가운데 가장 높았습니다.

　이런 부담 가운데 가장 구체적이고, 당장 닥친 현실의 문제인 전기요금에 대해선 어떤 답변이 나왔을까요. 시민 54.3%는 월평균 5,000원 이하의 인상 폭은 수용할 수 있다고 답했고, 33%는 최고 월 1만 원의 인상까지는 수용이 가능하다고 답했습니다. 설문조사 결과가 공개된 2022년 3월 기준 4인 가구 월평균 전기요금은 약 4만 원 가량입니다.

　반면 전문가들의 경우 1만 5,000원 넘게도 수용할 수 있다는 답변이 41%로 가장 많았습니다. 월평균 5,000원 이하라고 답한 전문가 비중은 10%로 가장 적었습니다.

　KEI는 "전문가가 일반 시민보다 탄소중립 과정에서 불가피한 전기요금 상승에 대한 이해도가 높은 것으로 나타났다."라고 분

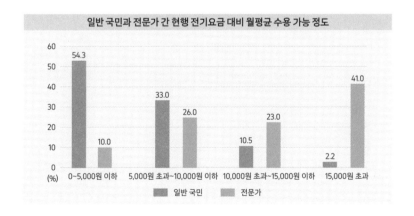

일반 국민과 전문가 간 현행 전기요금 대비 월평균 수용 가능 정도

석했습니다.

 KEI의 분석대로 전문가들은 에너지전환 과정에 많은 투자가 필요하다는 것도 알겠지만 전환에 나서지 않았을 때, 우리가 치러야 할 비용이 이보다 더 크다는 것도 알고 있을 겁니다. 일반 시민들이 전기요금 인상 의사가 낮다는 점은 숙의와 사회적 이해를 통해서만 해결할 수 있습니다.

 EU 못지않은 기후 감수성과 전환에 대한 공감을 보인 우리 시민 사회의 모습이지만, 한 가지 눈에 띄는 것이 있었습니다. 어쩌면 우리 사회의 녹색 전환 속도가 EU보다 느린 이유일지도 모릅

니다. 바로 '나 자신'의 기후변화 인식과 노력은 알고 있는데, 남들도 그런지는 확신하지 못한다는 겁니다.

한국리서치의 조사에서 응답자의 90%는 "국가나 개인이 노력한다면, 기후변화로 인한 문제를 예방하거나 늦출 수 있다."라고 답했습니다. 그리고 스스로 "온실가스 감축 등 기후변화 대응에 적극 노력하고 있다."라고 답한 시민은 58%였습니다. 하지만 "우리나라 국민은 온실가스 감축 등 기후변화 대응에 적극 노력하고 있다."라는 답변엔 32%만이 "그렇다."라고 답했습니다. 한국리서치는 "응답자 본인은 노력하고 있다고 답한 것에 반해 주위의 노력은 상대적으로 미흡하다고 평가하고 있었다."라고 분석했습니다.

비단 설문조사뿐 아니라, 우리나라 네티즌들의 검색 통계를 통해서도 이러한 사실을 확인할 수 있습니다. 구글에서 우리가 2022년 한 해 동안 가장 많이 검색한 키워드는 기후변화였습니다. 뉴스뿐 아니라 모든 분야(뉴스/사회, 인물, 드라마, 영화, 스포츠 등)를 통틀어 가장 많은 사람들이 찾은 키워드였죠.

앞서 설문조사 결과를 살펴보고 나니, 검색창에 '기후변화' 네 글자를 직접 입력해 검색했던 사람조차 '예상치 못한 순위'라고 생각할지도 모르겠습니다. 어쩌면 이를 검색하면서도 '내 옆자리 사람은 이런 것에 관심 없을 거야'라며 지레짐작했을지도 모릅니다. 이것이 바로 '샤이 탄소중립'입니다. 서로 대화 소재나 논의 주제로 꺼내진 않았지만, 서로 기후변화를 걱정하고 우려하고 있었고, 탄소중립 이행을 기다렸던 것이죠. 이행의 방향성에 대해선 각자의 관점 차이가 있겠지만, 적어도 '신속한 넷 제로'에 대해선 강한 공감대가 형성된 겁니다.

이는 지금까지 우리나라의 느린 녹색 전환을 설명하는 답이 될 수도 있습니다. 동시에 좋게 표현하면 한국의 전환이 빨라지는 것은 시간문제라고도, 신속한 전환과 감축의 잠재력이 크다고도 할 수 있겠죠.

하지만 우리 시민 개개인이 기후변화를 걱정하고, 남몰래 감축을 위해 노력하고 있음에도 이를 서로 나누지 않고, 혼자서 '남들은 관심이 없을 거야'라고 생각한다면, 이러한 상황이 앞으로도 계속 이어진다면 어떨까요. 정부도 국회도 '유권자들은 기후변화 대응과 탄소중립에 관심이 없다'라고 오해할 수밖에 없습니다. 결국 우리나라의 녹색 전환은 결코 가속화할 수 없을 겁니다.

기후변화,
무대응의 비용을 생각해본다면

어쩌면 우리는 이미 문제의 원인도, 해결책도 알고 있을지 모릅니다. 그저 이를 외면하고 있는 것은 아닐까요. 마지막 장의 설문조사 결과를 통해 희망을 이야기하고 싶었지만, 그 끝이 개운하지만은 않은 이유이기도 합니다.

기후변화만을 물을 때엔 모두가 "심각한 일이죠."라고 공감하지만 정치, 경제, 사회, 문화 등에서 주요 이슈들을 놓고 '우선순위를 매겨보라'라는 설문조사를 진행한다면, 과연 기후변화는 몇 번째 자리에 위치할까요. 에너지원의 대부분을 수입에 의존하는 현 상황에서 원가와 그로 인한 사회적 비용을 제대로 반영하지 못한 전기 요금 체계를 정상화하자고 할 때, 과연 얼마나 많은 이가 공감할까요.

이는 기후변화의 구체적인 영향과 그 피해는 어떻게 되는지, 이에 대응하기 위해선 무엇이 필요한지 아직 잘 알지 못하고 있기 때문이라고밖에 설명할 수 없습니다. 기후변화 대응의 비용은 어렴풋이라도 알지만, 무대응의 비용은 생각하지 않으니 말입니다.

이는 매우 중요한 부분입니다. 처음 기후변화 대응을 이야기하고 가장 예민했던 집단이 환경단체였던 것과 달리, 오늘날 기후변화 대응에 가장 민감한 집단이 기업인 것은 이들이 무대응의 비용에 주목하고, 저울질한 결과이기도 합니다.

탄소중립 이행은 분량과 데드라인이 정해진 인류 모두의 과제입니다. '산업화 이전 대비 1.5℃'라는 지구 평균기온 상승의 마지노선에 이르기까지 우리가 뿜어낼 수 있는 온실가스의 양은 정해져 있습니다. 이를 탄소 예산(Carbon Budget)이라고 부르는 이유입니다. 그리고 이산화탄소의 배출량과 흡수 또는 제거량을 일치시키는 탄소중립의 목표 시점 또한 2050년으로 정해져 있습니다. 이는 피할 수 없는, 우리만 외면할 수도 없는 과제입니다.

2050년이라는 시점을 두고 여전히 '너무 이르다'는 반응이 많습니다. 하지만 이는 임의로 정한 시점이 아닙니다. 현재의 배출량에서 미래 순배출량이 0이 되는 시점까지 선 그래프를 그었을 때, 그 그래프의 면적이 우리에게 남은 탄소 예산의 면적과 일치하는 시점이 2050년이었던 것입니다. 즉, 우리가 감축을 늦출수록, 예산에 맞추려면 결국 탄소중립 시점은 2050년보다 더 앞당겨야 할 수밖에 없다는 뜻입니다. 이제 그 데드라인까지 남은 시간은 20여 년밖에 되지 않습니다. 이 순간, 우리가 허송세월하는 그 시간의 가치는 그 무엇으로도 갈음할 수 없을 정도입니다.

목마른 이가 우물을 판다고 하듯, 그렇게 흘러가는 시간을 관찰자로 지켜보며 기사를 쓰는 것만으론 충분치 않다고 느껴졌습니다. 취재와 더불어 에너지 환경정책 석사과정을 마치고, 이어 박사과정에 뛰어든 이유이기도 합니다. 이렇게 또 한 권의 책을 펴낸 이유이기도 합니다.

한 개인이 이런다고 무엇이 달라질까 싶을 수도 있지만, 다행인 점은 이런 마음을 가진 이가 꽤 여럿이라는 사실입니다. 앞서 머리말에서 언급했던 학교와 포럼, 연구회, 학회, 시민단체, 싱크탱크, 정부 부처의 존경하는 인물들과 함께 같은 마음으로 노력한다는 것 자체만으로도 감개무량하고, 마음의 짐을 더는 기분입니다. 부디 이 노력이 우리 모두를 탄소중립에 한 걸음 더 가까이 옮겨 놓기를, 온난화의 시대를 지나 끓는 지구의 시대에 돌입한 지구를 조금이라도 덜 뜨겁게 만들기를 바랍니다.